KSIĄŻKA KUCHARSKA WOK DLA POCZĄTKUJĄCYCH: TRADYCYJNE CHIŃSKIE PRZEPISY

CHIŃSKIE PRZEPISY NA WOK NA SMAŻENIE, DIM SUM I GOTOWANIE NA PARZE

JAN BANACH

Wszelkie prawa zastrzeżone.

Zastrzeżenie

Informacje zawarte w tym eBooku mają służyć jako obszerny zbiór strategii, na temat których autor tego eBooka przeprowadził badania. Streszczenia, strategie, porady i wskazówki są jedynie rekomendacjami autora, a przeczytanie tego eBooka nie gwarantuje, że czyjeś wyniki będą dokładnie odzwierciedlać wyniki autora. Autor eBooka dołożył wszelkich uzasadnionych starań, aby zapewnić aktualne i dokładne informacje dla czytelników eBooka. Autor i jego współpracownicy nie ponoszą odpowiedzialności za jakiekolwiek niezamierzone błędy lub pominięcia, które mogą zostać znalezione. Materiał w eBooku może zawierać informacje pochodzące od osób trzecich. Materiały osób trzecich zawierają opinie wyrażone przez ich właścicieli. W związku z tym autor eBooka nie ponosi odpowiedzialności za materiały lub opinie osób trzecich.

Książka elektroniczna jest chroniona prawami autorskimi © 2022 z wszelkimi prawami zastrzeżonymi. Redystrybucja, kopiowanie lub tworzenie prac pochodnych na podstawie tego eBooka w całości lub w części jest nielegalne. Żadna część tego raportu nie może być reprodukowana ani retransmitowana w jakiejkolwiek formie reprodukowanej lub retransmitowanej w jakiejkolwiek formie bez pisemnej wyraźnej i podpisanej zgody autora.

SPIS TREŚCI

SPIS TREŚCI 3

WPROWADZANIE 7

WARZYWA I TOFU 10

    1. Smażony Groszek Śnieżny 11
    2. Smażony Szpinak z Sosem Czosnkowo-Sojowym 13
    3. Pikantna Zasmażana Kapusta Pekińska 15
    4. Sałata Zasmażana z Sosem Ostrygowym 18
    5. Smażone brokuły i pędy bambusa 20
    6. Fasola szparagowa smażona na sucho 23
    7. Smażony Bok Choy i Grzyby 26
    8. Smażone Mieszanki Warzyw 29
    9. Rozkosz Buddy 32
    10. Tofu w stylu hunańskim 35
    11. Ma Po Tofu 39
    12. Twaróg Fasolowy Parzony w Prostym Sosie 42
    13. Szparagi Sezamowe 45
    14. Bakłażan i Tofu w Skwierczącym Sosie Czosnkowym 48
    15. Chińskie brokuły z sosem ostrygowym 51

RYBY I MORZAKI 54

    16. Krewetki Sól i Pieprz 55
    17. Pijana Krewetka 59
    18. Smażone krewetki w stylu szanghajskim 62
    19. Krewetki Orzechowe 65
    20. Aksamitne Przegrzebki 69
    21. Owoce morza i warzywa Stir-Fry z makaronem 72
    22. Ryba w całości gotowana na parze z imbirem i szalotką . 76
    23. Smażona Ryba z Imbirem i Bok Choy 79

24. Małże w Sosie z Czarnej Fasoli..................82
25. Krab w Kokosowym Curry..................85
26. Smażone kalmary z czarnym pieprzem..................88
27. Smażone ostrygi z konfetti chili i czosnku..................91

DRÓB I JAJA..................94

28. Kurczak kung Pao..................95
29. Kurczak Brokułowy..................98
30. Kurczak ze skórką mandarynkową..................101
31. Kurczak z orzechów nerkowca..................105
32. Aksamitny Kurczak i Śnieżny Groszek..................108
33. Kurczak i Warzywa w Sosie z Czarnej Fasoli..................112
34. Kurczak z zieloną fasolą..................115
35. Kurczak w Sosie Sezamowym..................118
36. Słodko-kwaśny kurczak..................122
37. Moo Goo Gai Pan..................126
38. Jajko Foo Yong..................129
39. Pomidorowe Jajko Smażone..................132
40. Krewetki i Jajecznica..................135
41. Pikantny krem jajeczny na parze..................138
42. Chińskie skrzydełka z kurczaka smażone na wynos..................141
43. Kurczak z bazylią po tajsku..................144

WOŁOWINA, WIEPRZOWINA I JAGNIĘCA..................146

44. Duszony boczek wieprzowy..................147
45. Pomidor i wołowina na patelnię..................149
46. Wołowina i Brokuły..................152
47. Wołowina z czarnym pieprzem na patelnię..................155
48. Wołowina Sezamowa..................158
49. Wołowina mongolska..................162
50. Wołowina Syczuańska z Selerem i Marchewką..................165
51. Filiżanki do sałaty wołowej Hoisin..................169
52. Kotlety Schabowe Smażone z Cebulą..................172
53. Wieprzowina Pięć Przypraw z Bok Choy..................176

54. Hoisin Wieprzowina Patelnia...........179
55. Podwójnie ugotowany brzuch wieprzowy...........182
56. Wieprzowina Mu Shu z Patelniami Naleśnikami...........186
57. Żeberka wieprzowe w sosie z czarnej fasoli...........190
58. Jagnięcina Mongolska Smażona...........193
59. Jagnięcina z Kminkiem...........196
60. Jagnięcina z Imbirem i Porem...........199
61. Tajska wołowina z bazylią...........202
62. Chińska wieprzowina grillowa...........204
63. Bułeczki wieprzowe BBQ na parze...........208
64. Kantoński pieczony boczek wieprzowy...........212

ZUPY, RYŻ I MAKARON...........216

65. Zupa kokosowa z makaronem curry...........217
66. Pikantna zupa z makaronem wołowym...........219
67. Zupa z jajek...........222
68. Prosta zupa wonton...........224
69. Zupa z jajek...........228
70. Ryż smażony z jajkiem...........231
71. Klasyczny smażony ryż wieprzowy...........234
72. Pijany makaron...........236
73. Sichuan dan dan makaron...........239
74. Gorąca i kwaśna zupa...........242
75. Congee wieprzowe...........245
76. Ryż Smażony z Krewetkami, Jajkiem i Scalions...........248
77. Ryż Smażony z Wędzonego Pstrąga...........251
78. Ryż Smażony Spam...........254
79. Ryż na parze z Lap Cheung i Bok Choy...........258
80. Rosół wołowy z makaronem...........262
81. Makaron Czosnkowy...........266
82. makaron z Singapuru...........268
83. Makaron Szklany z Kapustą Pekińską...........272
84. Makaron Hakka...........275
85. Pad Widzimy We...........278

86. Kurczak Chow Mein..281
87. Wołowina lo mein..285
88. Dan Dan Makaron...289
89. Wołowina Chow Zabawa..293

SOSY, PRZEKĄSKI I SŁODYCZE..297

90. Sos z czarnej fasoli..298
91. Olejek z cebuli i imbiru..300
92. Sos XO..302
93. Smażony Olej Chili...306
94. Sos śliwkowy..308
95. Hakka Przyprawa Popcorn...310
96. Jajka namoczone w herbacie..312
97. Bułeczki z Scallionem na Parze..315
98. Biszkopt migdałowy na parze...319
99. Ptysie z jajkiem cukrowym..323
100. Chryzantema i Brzoskwinia Tong Sui..............................326

WNIOSEK..328

WPROWADZANIE

Co to jest wok?

Wok definiuje się jako naczynie do gotowania z okrągłym dnem i wysokimi bokami, zwykle zaprojektowane z dwoma bocznymi uchwytami lub jednym większym uchwytem. Okrągłe dno woka umożliwia bardziej równomierne rozprowadzanie ciepła niż rondel, co oznacza, że jedzenie można gotować w krótszym czasie. Wysokie ścianki ułatwiają rzucanie żywności, na przykład podczas smażenia, co oznacza, że składniki można mieszać i gotować równomiernie.

Ta książka kucharska zawiera setki różnych chińskich potraw z woka w jednym miejscu. Ta książka jest przeznaczona dla każdego, kto uwielbia chińskie jedzenie, ale nie jest zaznajomiony ze wszystkimi chińskimi technikami gotowania. W tej książce kucharskiej odkryjesz kilka prostych i łatwych sposobów gotowania tradycyjnych chińskich potraw przy użyciu autentycznych chińskich sosów i przypraw. Potrawy są podzielone na kategorie zgodnie z różnorodnością dań oferowanych przez tę kuchnię, dzięki czemu znajdziesz szereg pierogów wraz z przepisami na ryż, makarony, zupy, wieprzowinę, wołowinę, jagnięcinę, drób, owoce morza, tofu i przystawki.

Popularne chińskie techniki gotowania

Poznanie podstawowych chińskich technik gotowania jest niezbędne do gotowania wysokiej jakości chińskich potraw w domu.

A. GOTOWANIE WOK

W przypadku gotowania w woku, należy najpierw wstępnie podgrzać wok i upewnić się, że jest całkowicie wysuszony przed dodaniem oleju. Następnie możesz dodać olej do woka okrężnymi ruchami, aby pokryć całą podstawę woka, a kiedy to zrobisz, upewnij się, że wok jest tylko gorący, a nie dymi. Woki nieprzywierające mogą ulec zniszczeniu, gdy są zbyt mocno nagrzane.

B. PASYWANIE

Chiński stir-fry odbywa się na dużym ogniu, więc jeśli w domu jest konwencjonalny piec, smaż mieszanie tylko wtedy, gdy wok lub patelnia są wstępnie rozgrzane. Po podgrzaniu patelni lub garnka dodaj olej i inne składniki. Kiedy dodajesz składniki na patelnię, upewnij się, że mają temperaturę pokojową lub nie są zimne. Zimne składniki w kantońskim woku spowodują, że po ugotowaniu potrawy będą rozmokły.

C. OLEJOWE AKELITOWANIE DO STIR-FRY

Ta technika gotowania polega na obsmażaniu drobiu lub mięsa przed właściwym smażeniem na gorącym oleju przez krótki czas, aż stanie się lekko zarumieniony. W tej książce znajdziesz również wiele potraw, które wykorzystuje się w ten sam sposób, co w przypadku wołowiny, wieprzowiny i drobiu. Mięso jest następnie wyjmowane, a później dodawane do właściwego dania. Dla najlepszego smaku mięso jest marynowane przed aksamitowaniem.

WARZYWA I TOFU

1. Smażony Groszek Śnieżny

Składniki

- 2 łyżki oleju roślinnego
- 2 obrane plasterki świeżego imbiru, każdy wielkości ćwiartki
- Sól koszerna
- $\frac{3}{4}$ groszek śnieżny lub groszek cukrowy bez nitek

Wskazówki:

a) Podgrzej wok na średnim ogniu, aż kropla wody skwierczy i wyparuje w kontakcie. Wlej olej i zamieszaj, aby pokryć spód woka. Dopraw olej, dodając plasterki imbiru i szczyptę soli. Pozwól imbirowi skwierczeć w oleju przez około 30 sekund, delikatnie mieszając.

b) Dodaj groszek śnieżny i za pomocą łopatki do woka posmaruj olejem. Smażyć przez 2 do 3 minut, aż będzie jasnozielona i chrupiąca.

c) Przełóż na półmisek i wyrzuć imbir. Podawać na gorąco.

2. Smażony Szpinak z Sosem Czosnkowo-Sojowym

Składniki

- 1 łyżka jasnego sosu sojowego
- 1 łyżeczka cukru
- 2 łyżki oleju roślinnego
- 4 ząbki czosnku, pokrojone w cienkie plasterki
- Sól koszerna
- 8 uncji wstępnie umytego szpinaku dla dzieci

Wskazówki:

a) W małej misce wymieszaj jasną soję i cukier, aż cukier się rozpuści i odstaw.

b) Podgrzej wok na średnim ogniu, aż kropla wody skwierczy i wyparuje w kontakcie. Wlej olej i zamieszaj, aby pokryć spód woka. Dodaj czosnek i szczyptę soli i smaż, mieszając, aż czosnek będzie pachniał, około 10 sekund. Łyżką cedzakową wyjąć czosnek z patelni i odstawić.

c) Dodaj szpinak do przyprawionego oleju i smaż mieszając, aż warzywa będą po prostu zwiędłe i jasnozielone. Dodaj mieszankę cukru i soi i wymieszaj, aby pokryć. Włóż czosnek do woka i wrzuć do włączenia. Przełóż do naczynia i podawaj.

3. Pikantna Zasmażana Kapusta Pekińska

Składniki

- 2 łyżki oleju roślinnego
- 3 lub 4 suszone papryczki chili
- 2 obrane plasterki świeżego imbiru, każdy wielkości ćwiartki
- Sól koszerna
- 2 ząbki czosnku, pokrojone w plastry
- 1 głowiasta kapusta pekińska, posiekana
- 1 łyżka jasnego sosu sojowego
- ½ łyżki czarnego octu
- Świeżo zmielony czarny pieprz

Wskazówki:

a) Podgrzej woka na średnim ogniu. Wlej olej i dodaj chili. Pozwól chili skwierczeć w oleju przez 15 sekund. Dodaj plasterki imbiru i szczyptę soli. Wrzuć czosnek i krótko smaż przez około 10 sekund, aby nadać olejowi smak. Nie pozwól, aby czosnek się zrumienił lub przypalił.

b) Dodaj kapustę i smaż przez około 4 minuty, aż zwiędnie i stanie się jasnozielona. Dodaj jasny sojowy i czarny ocet i dopraw szczyptą soli i pieprzu. Rzucaj do pokrycia przez kolejne 20 do 30 sekund.

c) Przełóż na półmisek i wyrzuć imbir. Podawać na gorąco.

4. Sałata Zasmażana z Sosem Ostrygowym

Składniki

- 1½ łyżki oleju roślinnego
- 1 obrany kawałek świeżego imbiru, wielkości około ćwiartki
- Sól koszerna
- 2 ząbki czosnku, pokrojone w cienkie plasterki
- 1 główka sałaty lodowej, opłukana i odwirowana, pokrojona na kawałki o szerokości 1 cala
- 2 łyżki sosu ostrygowego
- ½ łyżeczki oleju sezamowego do dekoracji

Wskazówki:

a) Podgrzej wok na średnim ogniu, aż kropla wody skwierczy i wyparuje w kontakcie. Dodaj olej roślinny i zamieszaj, aby pokryć podstawę woka. Dopraw olej, dodając plasterek imbiru i szczyptę soli. Pozwól imbirowi skwierczeć w oleju przez około 30 sekund, delikatnie mieszając.

b) Dodaj czosnek i krótko smaż przez około 10 sekund, aby posmażyć olej. Nie pozwól, aby czosnek się zrumienił lub przypalił. Dodaj sałatę i smaż, aż zacznie lekko więdnąć, 3 do 4 minut. Skrop sałatę sosem ostrygowym i szybko wymieszaj, przez kolejne 20-30 sekund.

5. Smażone brokuły i pędy bambusa

Składniki

- 2 łyżki oleju roślinnego
- 1 obrany kawałek świeżego imbiru, wielkości około ćwiartki
- 4 szklanki różyczek brokułów
- 2 łyżki wody
- 2 ząbki czosnku, posiekane
- 1 (8 uncji) może pokroić pędy bambusa w plasterki, wypłukać i odsączyć
- 1 łyżka jasnego sosu sojowego
- 1 łyżeczka oleju sezamowego
- 2 łyżeczki prażonych nasion sezamu

Wskazówki:

a) Podgrzej woka na średnim ogniu. Wlej olej roślinny, dodaj plasterek imbiru i szczyptę soli.

b) Dodaj brokuły i smaż przez 2 minuty, aż stanie się jasnozielona. Dodaj wodę i przykryj patelnię na 2 minuty, aby ugotować brokuły.

c) Zdjąć przykrywkę, dodać czosnek i dalej smażyć przez 30 sekund. Dodaj pędy bambusa i smaż przez kolejne 30 sekund.

d) Dodaj lekki olej sojowy i sezamowy. Usuń imbir i wyrzuć. Podawaj na rozgrzanym półmisku i udekoruj sezamem.

6. Fasola szparagowa smażona na sucho

Składniki

- 1 łyżka jasnego sosu sojowego
- 1 łyżka mielonego czosnku
- 1 łyżka doubanjiang (pasta z chińskiej fasoli chili)
- 2 łyżeczki cukru
- 1 łyżeczka oleju sezamowego
- Sól koszerna
- ½ szklanki oleju roślinnego
- 1 funt zielonej fasoli, okrojonej, pokrojonej na pół i osuszonej bibułą

Wskazówki:

a) W małej misce wymieszaj jasną soję, czosnek, pastę z fasoli, cukier, olej sezamowy i szczyptę soli. Odłożyć na bok.

b) W woku rozgrzej olej roślinny na średnim ogniu. Smażyć fasolę. Delikatnie obróć fasolę w oleju, aż będą pomarszczone.

c) Po ugotowaniu wszystkich ziaren ostrożnie przenieś pozostały olej do żaroodpornego pojemnika. Użyj szczypiec i kilku ręczników papierowych, aby wytrzeć i wyczyścić wok.

d) Ustaw wok na dużym ogniu i dodaj 1 łyżkę zarezerwowanego oleju do smażenia. Dodaj zieloną fasolkę i sos chili, smaż mieszając, aż sos się zagotuje i pokryje zieloną fasolkę. Przełóż fasolę na półmisek i podawaj na gorąco.

7. Smażony Bok Choy i Grzyby

Składniki

- 3 łyżki oleju roślinnego
- 1 obrany kawałek świeżego imbiru, wielkości około ćwiartki
- ½ funta świeżych grzybów shiitake
- 2 ząbki czosnku, posiekane
- 1½ funta baby bok choy, pokrojonej w poprzek na 1-calowe kawałki
- 2 łyżki wina ryżowego Shaoxing
- 2 łyżeczki jasnego sosu sojowego
- 2 łyżeczki oleju sezamowego

Wskazówki:
a) Podgrzej woka na średnim ogniu. Wlej olej roślinny i zamieszaj, aby pokryć spód woka. Dodaj plasterek imbiru i szczyptę soli.

b) Dodaj pieczarki i smaż przez 3 do 4 minut, aż zaczną się zarumieniać. Dodaj czosnek i smaż, aż zacznie pachnieć, jeszcze około 30 sekund.

c) Dodaj kapustę bok choy i wymieszaj z grzybami. Dodaj wino ryżowe, lekką soję i olej sezamowy. Gotuj przez 3 do 4 minut, ciągle podrzucając warzywa, aż będą miękkie.

d) Przełóż warzywa na półmisek, wyrzuć imbir i podawaj na gorąco.

8. Smażone Mieszanki Warzyw

Składniki

- 3 łyżki oleju roślinnego
- 1 obrany kawałek świeżego imbiru, wielkości około ćwiartki
- Sól koszerna
- ½ białej cebuli, pokrojonej na 1-calowe kawałki
- 1 duża marchewka, obrana i pokrojona ukośnie
- 2 żeberka z selera, pokrojone ukośnie w plastry o grubości ¼ cala
- 6 świeżych grzybów shiitake
- 1 czerwona papryka, pokrojona na 1-calowe kawałki
- 1 mała garść zielonej fasolki, przycięta
- 2 ząbki czosnku, drobno posiekane
- 2 szalotki, pokrojone w cienkie plasterki

Wskazówki:

a) Podgrzej wok na średnim ogniu, aż kropla wody skwierczy i wyparuje w kontakcie. Wlej olej i zamieszaj, aby pokryć spód woka. Dopraw olej, dodając plasterek imbiru i szczyptę soli. Pozostaw na oleju przez około 30 sekund, delikatnie mieszając.

b) Dodaj cebulę, marchew i seler do woka i podsmaż, szybko poruszając warzywami w woku za pomocą łopatki. Gdy warzywa zaczną nabierać miękkości, po około 4 minutach dodaj grzyby i dalej wrzucaj je na gorący wok.

c) Gdy grzyby zmiękną, dodaj paprykę i dalej mieszaj przez około 4 minuty. Gdy papryki zaczną mięknąć, dodaj zieloną fasolkę i wrzuć do miękkości, około 3 minut. Dodaj czosnek i wrzuć, aż pachnie.

d) Przełóż na półmisek, wyrzuć imbir i udekoruj szalotką. Podawać na gorąco.

9. Rozkosz Buddy

Składniki

- Mała garść (około ⅓ filiżanka) suszone grzyby ucha drzewnego
- 8 suszonych grzybów shiitake
- 2 łyżki jasnego sosu sojowego
- 2 łyżeczki cukru
- 1 łyżeczka oleju sezamowego
- 2 łyżki oleju roślinnego
- 2 obrane plasterki świeżego imbiru, każdy wielkości ćwiartki
- Sól koszerna
- 1 dynia Delicata, pokrojona na pół, posiekana i pokrojona na kawałki wielkości kęsa
- 2 łyżki wina ryżowego Shaoxing
- 1 szklanka groszku cukrowego bez nitek
- 1 (8 uncji) puszka podlewania kasztanów, wypłukanych i odsączonych
- Świeżo zmielony czarny pieprz

Wskazówki:

a) Oba suszone grzyby namoczyć w osobnych miseczkach pod gorącą wodą do miękkości, około 20 minut. Odcedź i wyrzuć płyn do namaczania drewna. Odcedź i zachowaj ½ szklanki płynu shiitake. Do płynu z grzybów dodaj jasną soję, cukier i olej sezamowy i wymieszaj, aby rozpuścić cukier. Odłożyć na bok.

b) Podgrzej wok na średnim ogniu, aż kropla wody skwierczy i wyparuje w kontakcie. Wlej olej roślinny i zamieszaj, aby pokryć spód woka. Dopraw olej, dodając plasterki imbiru i szczyptę soli. Pozwól imbirowi skwierczeć w oleju przez około 30 sekund, delikatnie mieszając.

c) Dodaj dynię i smaż, mieszając z przyprawionym olejem przez około 3 minuty. Dodaj oba grzyby i wino ryżowe i smaż przez 30 sekund. Dodaj groszek śnieżny i kasztany wodne, posmaruj olejem. Dodaj zarezerwowany płyn do przypraw do grzybów i przykryj. Kontynuuj gotowanie, mieszając od czasu do czasu, aż warzywa będą miękkie, około 5 minut.

d) Zdejmij pokrywkę i dopraw solą i pieprzem do smaku. Odrzuć imbir i podawaj.

10.   Tofu w stylu hunańskim

Składniki

- 1 łyżeczka mąki kukurydzianej
- 1 łyżka wody
- 4 łyżki oleju roślinnego lub rzepakowego, podzielone
- Sól koszerna
- 1-funtowe jędrne tofu, odsączone i pokrojone w kwadraty o grubości ½ cala i średnicy 2 cali
- 3 łyżki sfermentowanej czarnej fasoli, opłukanej i rozgniecionej
- 2 łyżki doubanjiang (pasta z chińskiej fasoli chili)
- 1-calowy kawałek świeżego imbiru, obranego i drobno zmielonego
- 3 ząbki czosnku, drobno posiekane
- 1 duża czerwona papryka, pokrojona na 1-calowe kawałki
- 4 szalotki, pokrojone na 2-calowe sekcje
- 1 łyżka wina ryżowego Shaoxing
- 1 łyżeczka cukru
- ¼ szklanki niskosodowego bulionu z kurczaka lub warzyw

Wskazówki:

a) W małej misce wymieszać mąkę kukurydzianą z wodą i odstawić.

b) Podgrzej wok na średnim ogniu, aż kropla wody skwierczy i wyparuje w kontakcie. Wlej 2 łyżki oleju i wymieszaj, aby pokryć spód i boki woka. Dodaj szczyptę soli i ułóż plastry tofu w woku w jednej warstwie. Smaż tofu przez 1 do 2 minut, przechylając wok, aby wsunąć olej pod tofu, gdy się przypieka. Gdy pierwsza strona się zarumieni, używając łopatki do woka, ostrożnie odwróć tofu i smaż przez kolejne 1 do 2 minut na złoty kolor. Podsmażone tofu przełożyć na talerz i odstawić.

c) Zmniejsz ogień do średnio-niskiego. Dodaj pozostałe 2 łyżki oleju do woka. Gdy tylko olej zacznie lekko dymić, dodaj czarną fasolę, pastę z fasoli, imbir i czosnek. Smażyć przez 20 sekund lub do momentu, gdy olej nabierze ciemnoczerwonego koloru od pasty z fasoli.

d) Dodaj paprykę i szalotki i wymieszaj z winem Shaoxing i cukrem. Gotuj przez kolejną minutę lub do momentu, aż wino prawie wyparuje, a papryka zmięknie.

e) Delikatnie dołóż usmażone tofu, aż wszystkie składniki w woku się połączą. Kontynuuj gotowanie jeszcze przez 45 sekund lub do momentu, gdy tofu nabierze ciemnoczerwonego koloru, a szalotki zwiędną.

f) Skrop bulionem drobiowym tofu i delikatnie wymieszaj, aby usunąć glazurę z woka i rozpuścić wszystkie przyklejone kawałki woka. Szybko zamieszaj mieszankę skrobi kukurydzianej i wody i dodaj do woka. Delikatnie mieszaj i gotuj przez 2 minuty, aż sos stanie się błyszczący i gęsty. Podawać na gorąco.

11.   Ma Po Tofu

Składniki

- ½ funta mielonej wieprzowiny
- 2 łyżki wina ryżowego Shaoxing
- 2 łyżeczki jasnego sosu sojowego
- 1 łyżeczka obrana drobno zmielonego świeżego imbiru
- 2 łyżeczki mąki kukurydzianej
- 1½ łyżki wody
- 2 łyżki oleju roślinnego
- 1 łyżka pokruszonych ziaren pieprzu syczuańskiego
- 3 łyżki doubanjiang (pasta z chińskiej fasoli chili)
- 4 szalotki, pokrojone w cienkie plasterki, podzielone
- 1 łyżeczka oleju chili
- 1 łyżeczka cukru
- ½ łyżeczki chińskich pięciu przypraw w proszku
- 1-funtowe średnie tofu, odsączone i pokrojone w ½-calową kostkę
- 1½ szklanki niskosodowego bulionu z kurczaka
- Sól koszerna

- 1 łyżka grubo posiekanych świeżych liści kolendry do dekoracji

Wskazówki:

a) W małej misce wymieszaj mieloną wieprzowinę, wino ryżowe, lekką soję i imbir. Odłożyć na bok. W innej małej misce wymieszaj skrobię kukurydzianą z wodą. Odłożyć na bok.

b) Podgrzej wok na średnim ogniu i wlej olej roślinny. Dodaj ziarna pieprzu syczuańskiego i delikatnie podsmaż, aż zaczną skwierczeć, gdy olej się nagrzeje.

c) Dodaj marynowaną pastę wieprzowo-fasolową i smaż przez 4-5 minut, aż wieprzowina się zarumieni i pokruszy. Dodaj połowę szalotki, olej chili, cukier i pięć przypraw w proszku. Kontynuuj smażenie przez kolejne 30 sekund lub do momentu, gdy szalotki zwiędną.

d) Rozsyp kostki tofu na wieprzowinie i wlej bulion. Nie mieszaj; najpierw pozwól tofu trochę się ugotować i ujędrnić. Przykryj i gotuj przez 15 minut na średnim ogniu. Odkryć i delikatnie wymieszać. Uważaj, aby nie rozbić zbytnio kostek tofu.

e) Smakuj i dodaj sól lub cukier, w zależności od upodobań. Dodatkowy cukier może uspokoić ostrość, jeśli jest za gorący. Ponownie wymieszaj skrobię kukurydzianą i wodę i dodaj do tofu. Delikatnie mieszaj, aż sos zgęstnieje.

f) Udekoruj pozostałymi szalotkami i kolendrą i podawaj na gorąco.

12. Twaróg Fasolowy Parzony w Prostym Sosie

Składniki

- 1-funtowe średnie tofu
- 2 łyżki jasnego sosu sojowego
- 1 łyżka oleju sezamowego
- 2 łyżeczki czarnego octu
- 2 ząbki czosnku, drobno posiekane
- 1 łyżeczka obrana drobno zmielonego świeżego imbiru
- $\frac{1}{2}$ łyżeczki cukru
- 2 szalotki, pokrojone w cienkie plasterki
- 1 łyżka grubo posiekanej świeżej kolendry

Wskazówki:

a) Wyjmij tofu z opakowania, uważając, aby pozostało nienaruszone. Połóż go na dużym talerzu i ostrożnie pokrój na plastry o grubości od 1 do $1\frac{1}{2}$ cala. Odstawić na 5 minut. Odpoczynek tofu pozwala na wypłynięcie większej ilości serwatki.

b) Wypłucz bambusowy koszyk do gotowania na parze wraz z pokrywką pod zimną wodą i umieść go w woku. Wlej około 2 cale zimnej wody lub do momentu, gdy znajdzie się powyżej dolnej krawędzi parowaru o około $\frac{1}{4}$ do $\frac{1}{2}$ cala, ale nie tak wysoko, aby woda dotykała dna kosza.

c) Odcedź nadmiar serwatki z talerza do tofu i umieść talerz w bambusowym naczyniu do gotowania na parze. Przykryj i ustaw wok na średnim ogniu. Zagotuj wodę i gotuj tofu na parze przez 6 do 8 minut.

d) Gdy tofu gotuje się na parze, w małym rondlu mieszaj na małym ogniu jasną soję, olej sezamowy, ocet, czosnek, imbir i cukier, aż cukier się rozpuści.

e) Skrop tofu ciepłym sosem i udekoruj szalotką i kolendrą.

13.   Szparagi Sezamowe

Składniki

- 2 łyżki jasnego sosu sojowego
- 1 łyżeczka cukru
- 1 łyżka oleju roślinnego
- 2 duże ząbki czosnku, grubo posiekane
- 2 funty szparagów, przycięte i pokrojone ukośnie na 2-calowe kawałki
- Sól koszerna
- 2 łyżki oleju sezamowego
- 1 łyżka prażonych nasion sezamu

Wskazówki:

a) W małej misce wymieszaj jasną soję i cukier razem, aż cukier się rozpuści. Odłożyć na bok.

b) Podgrzej wok na średnim ogniu, aż kropla wody skwierczy i wyparuje w kontakcie. Wlej olej roślinny i zamieszaj, aby pokryć spód woka. Dodaj czosnek i smaż przez około 10 sekund, aż zacznie pachnieć.

c) Dodać szparagi i podsmażyć. Dodaj mieszankę sosu sojowego i wymieszaj, aby pokryć szparagi, gotując jeszcze przez około 1 minutę.

d) Skrop szparagi olejem sezamowym i przełóż do miski. Udekoruj sezamem i podawaj na gorąco.

14. Bakłażan i Tofu w Skwierczącym Sosie Czosnkowym

Składniki

- 6 szklanek wody plus 1 łyżka stołowa, podzielone
- 1 łyżka soli koszernej
- 3 długie chińskie bakłażany (około funta), przycięte i pokrojone ukośnie na 1-calowe kawałki
- 1½ łyżki mąki kukurydzianej, podzielonej
- 1 łyżka jasnego sosu sojowego
- 2 łyżeczki cukru
- ½ łyżeczki ciemnego sosu sojowego
- 3 łyżki oleju roślinnego, podzielone
- 3 ząbki czosnku, posiekane
- 1 łyżeczka obranego, posiekanego świeżego imbiru
- ½ funta twardego tofu, pokrojonego w ½-calową kostkę

Wskazówki:

a) W dużej misce wymieszaj 6 szklanek wody i soli. Krótko zamieszaj, aby rozpuścić sól i dodaj kawałki bakłażana. Umieść dużą pokrywkę na wierzchu, aby bakłażan był zanurzony w wodzie, i pozostaw na 15 minut. Odcedź bakłażana i osusz papierowymi ręcznikami. Wrzuć bakłażana do miski z posypką ze skrobi kukurydzianej, około 1 łyżki stołowej.

b) W małej misce wymieszaj pozostałe ½ łyżki mąki kukurydzianej z pozostałą 1 łyżką wody, jasną soję, cukrem i ciemną soją. Odłożyć na bok.

c) Podgrzej wok na średnim ogniu, aż kropla wody skwierczy i wyparuje w kontakcie. Wlej 2 łyżki oleju i wymieszaj, aby pokryć spód woka i jego boki. Ułóż bakłażana w jednej warstwie w woku.

d) Obsmażyć bakłażana z każdej strony, około 4 minuty z każdej strony. Bakłażan powinien być lekko zwęglony i złotobrązowy. Zmniejsz ogień do średniego, jeśli wok zacznie palić. Przenieś bakłażana do miski i wróć wok do ognia.

e) Dodaj pozostałą 1 łyżkę oleju i smaż czosnek i imbir, aż będą pachnące i skwierczą, około 10 sekund. Dodaj tofu i smaż jeszcze przez 2 minuty, a następnie włóż bakłażana do woka. Ponownie wymieszaj sos i wlej do woka, wrzucając wszystkie składniki razem, aż sos zgęstnieje do ciemnej, błyszczącej konsystencji.

f) Przełóż bakłażana i tofu na półmisek i podawaj na gorąco.

15. Chińskie brokuły z sosem ostrygowym

Składniki

- ¼ szklanki sosu ostrygowego
- 2 łyżeczki jasnego sosu sojowego
- 1 łyżeczka oleju sezamowego
- 2 łyżki oleju roślinnego
- 4 obrane plasterki świeżego imbiru, każdy wielkości ćwiartki
- 4 obrane ząbki czosnku
- Sól koszerna
- 2 pęczki brokułów chińskich lub brokułów z twardymi końcówkami obciętymi
- 2 łyżki wody

Wskazówki:

a) W małej misce wymieszaj sos ostrygowy, jasną soję i olej sezamowy i odstaw.

b) Podgrzej wok na średnim ogniu, aż kropla wody skwierczy i wyparuje w kontakcie. Wlej olej roślinny i zamieszaj, aby pokryć spód woka. Dodaj imbir, czosnek i szczyptę soli. Pozwól aromatom skwierczeć w oleju, delikatnie mieszając przez około 10 sekund.

c) Dodaj brokuły i mieszaj, aż pokryją się olejem i będą jasnozielone. Dodaj wodę i przykryj, aby brokuły gotowały się na parze przez około 3 minuty lub do momentu, gdy łodygi będą łatwo przekłuwane nożem. Usuń imbir i czosnek i wyrzuć.

d) Dodaj sos i wymieszaj, aż będzie gorący. Przełóż na talerz do serwowania.

RYBY I MORZAKI

16.   Krewetki Sól i Pieprz

Składniki:

- 1 łyżka soli koszernej
- 1½ łyżeczki pieprzu syczuańskiego
- 1½ funta dużych krewetek (U31-35), obranych i pozbawionych pestek, ogony pozostawione
- ½ szklanki oleju roślinnego
- 1 szklanka mąki kukurydzianej
- 4 szalotki, pokrojone po przekątnej
- 1 papryczka jalapeño, pokrojona na pół i pokrojona w cienkie plasterki
- 6 ząbków czosnku, pokrojonych w cienkie plasterki

Wskazówki:

a) Na małej patelni lub patelni, na średnim ogniu, podpraż sól i ziarna pieprzu, aż będą aromatyczne, często potrząsając i mieszając, aby uniknąć przypalenia. Przełóż do miski, aby całkowicie ostygnąć. Zmiel sól i pieprz w młynku do przypraw lub za pomocą moździerza i tłuczka. Przełożyć do miski i odstawić.

b) Osusz krewetki ręcznikiem papierowym.

c) W woku rozgrzej olej na średnim ogniu do 375°F lub aż zacznie bulgotać i skwierczeć na końcu drewnianej łyżki.

d) Umieść mąkę kukurydzianą w dużej misce. Zanim będziesz gotowy do smażenia krewetek, wrzuć połowę krewetek, aby obtoczyć w skrobi kukurydzianej i strząśnij nadmiar skrobi kukurydzianej.

e) Smaż krewetki przez 1 do 2 minut, aż staną się różowe. Za pomocą skimmera do woka przenieś smażone krewetki na stojak ustawiony na blasze do pieczenia, aby odciekły. Powtórz ten proces z resztą krewetek wrzucając w skrobię kukurydzianą, smażąc i przenosząc na stojak do odsączenia.

f) Gdy wszystkie krewetki zostaną ugotowane, ostrożnie usuń wszystkie oprócz 2 łyżek oleju i ustaw wok na średnim ogniu. Dodaj szalotki, papryczki jalapeño i czosnek i smaż mieszając, aż dymki i papryczki jalapeno staną się jasnozielone, a czosnek będzie aromatyczny. Włóż krewetki do woka, dopraw do smaku mieszanką soli i pieprzu (możesz nie użyć całej) i wymieszaj, aby obtoczyć. Przełóż krewetki na półmisek i podawaj na gorąco.

17.   Pijana Krewetka

SŁUŻBY 4

Składniki:

- 2 szklanki wina ryżowego Shaoxing
- 4 obrane plasterki świeżego imbiru, każdy wielkości ćwiartki
- 2 łyżki suszonych jagód goji (opcjonalnie)
- 2 łyżeczki cukru
- 1-funtowa krewetka jumbo (U21-25), obrana i pozbawiona żyłki, pozostawione ogony
- 2 łyżki oleju roślinnego
- Sól koszerna
- 2 łyżeczki mąki kukurydzianej

Wskazówki:

a) W szerokiej misce wymieszaj wino ryżowe, imbir, jagody goji (jeśli używasz) i cukier, aż cukier się rozpuści. Dodaj krewetki i przykryj. Marynować w lodówce przez 20 do 30 minut.

b) Wlej krewetki i marynatę do durszlaka ustawionego na misce. Zarezerwuj ½ szklanki marynaty i wyrzuć resztę.

c) Podgrzej wok na średnim ogniu, aż kropla wody skwierczy i wyparuje w kontakcie. Wlej olej i zamieszaj, aby pokryć spód woka. Dopraw olej, dodając niewielką szczyptę soli i delikatnie zamieszaj.

d) Dodaj krewetki i energicznie smaż, dodając szczyptę soli, obracając i podrzucając krewetki w woku. Poruszaj krewetkami przez około 3 minuty, aż staną się różowe.

e) Wymieszaj skrobię kukurydzianą z zarezerwowaną marynatą i polej nią krewetki. Wrzucić krewetki i posmarować marynatą. Zgęstnieje do błyszczącego sosu, gdy zacznie się gotować, kolejne 5 minut.

f) Przełóż krewetki i jagody goji na półmisek, wyrzuć imbir i podawaj na gorąco.

18. Smażone krewetki w stylu szanghajskim

Składniki:

- 1-funtowa średnio duża krewetka (U31-40), obrane i pozbawione pestek, ogony pozostawione
- 2 łyżki oleju roślinnego
- Sól koszerna
- 2 łyżeczki wina ryżowego Shaoxing
- 2 szalotki, drobno julienned

Wskazówki:

a) Używając ostrych nożyczek kuchennych lub noża do obierania, pokrój krewetki na pół wzdłuż, nie naruszając ogona. Ponieważ krewetka jest smażona, krojenie jej w ten sposób zapewni większą powierzchnię i stworzy niepowtarzalny kształt i teksturę!

b) Osusz krewetki ręcznikami papierowymi i pozostaw do wyschnięcia. Im bardziej suche krewetki, tym bardziej aromatyczne danie. Krewetki można przechowywać w lodówce, zwinięte w papierowy ręcznik, do 2 godzin przed gotowaniem.

c) Podgrzej wok na średnim ogniu, aż kropla wody skwierczy i wyparuje w kontakcie. Wlej olej i zamieszaj, aby pokryć spód woka. Dopraw olej, dodając niewielką szczyptę soli i delikatnie zamieszaj.

d) Dodaj wszystkie krewetki od razu do gorącego woka. Rzucaj i obracaj szybko przez 2 do 3 minut, aż krewetki zaczną robić się różowe. Dopraw kolejną szczyptą soli i dodaj wino ryżowe. Pozwól, aby wino się zagotowało, kontynuując smażenie przez kolejne 2 minuty. Krewetka powinna się rozdzielić i zwinąć, nadal przyczepiona do ogona.

e) Przełóż na półmisek i udekoruj szalotką. Podawać na gorąco.

19.   Krewetki Orzechowe

Składniki:

- Nieprzywierający olej roślinny w sprayu
- 1-funtowa krewetka jumbo (U21-25), obrana
- 25 do 30 połówek orzecha włoskiego
- 3 szklanki oleju roślinnego do smażenia
- 2 łyżki cukru
- 2 łyżki wody
- ¼ szklanki majonezu
- 3 łyżki słodzonego mleka skondensowanego
- ¼ łyżeczki octu ryżowego
- Sól koszerna
- ⅓ szklanka mąki kukurydzianej

Wskazówki:

a) Blachę do pieczenia wyłożyć papierem do pieczenia i lekko spryskać sprayem do gotowania. Odłożyć na bok.

b) Motyluj krewetki, trzymając je na desce do krojenia wygiętą stroną do dołu. Zaczynając od głowy, wbij czubek noża do obierania na trzy czwarte drogi w krewetkę. Pokrój środek grzbietu krewetki do ogona. Nie przecinaj całej krewetki i nie tnij w okolicy ogona. Otwórz krewetki jak książkę i rozłóż na płasko. Wytrzyj żyłę (przewód pokarmowy krewetki), jeśli jest widoczna i opłucz krewetki pod zimną wodą, a następnie osusz papierowym ręcznikiem. Odłożyć na bok.

c) W woku rozgrzej olej na średnim ogniu do 375°F lub aż zacznie bulgotać i skwierczeć na końcu drewnianej łyżki. Smaż orzechy włoskie na złoty kolor przez 3 do 4 minut i za pomocą skimmera do woka przenieś je na talerz wyłożony ręcznikiem papierowym. Odłóż na bok i wyłącz ogień.

d) W małym rondelku wymieszaj cukier i wodę i zagotuj na średnim ogniu, mieszając od czasu do czasu, aż cukier się rozpuści. Zmniejsz ogień do średniego i gotuj na wolnym ogniu przez 5 minut, aż syrop będzie gęsty i błyszczący. Dodaj orzechy włoskie i wymieszaj, aby całkowicie pokryły je syropem. Przełóż orzechy na przygotowaną blachę do pieczenia i odstaw do ostygnięcia. Cukier powinien stwardnieć wokół orzechów i uformować kandyzowaną skorupkę.

e) W małej misce wymieszaj majonez, mleko skondensowane, ocet ryżowy i szczyptę soli. Odłożyć na bok.

f) Doprowadź olej do woka z powrotem do 375°F na średnim ogniu. Gdy olej się nagrzeje, lekko dopraw krewetki szczyptą soli. W misce wymieszaj krewetki ze skrobią kukurydzianą, aż będą dobrze pokryte. Pracując w małych partiach, strząśnij krewetki z nadmiaru skrobi kukurydzianej i usmaż na oleju, poruszając szybko w oleju, aby się nie sklejały. Smaż krewetki przez 2-3 minuty na złoty kolor.

g) Przełóż do czystej miski i skrop sosem. Delikatnie złożyć, aż krewetki zostaną równomiernie pokryte. Ułóż krewetki na półmisku i udekoruj kandyzowanymi orzechami włoskimi. Podawać na gorąco.

20. Aksamitne Przegrzebki

Składniki:

- 1 duże białko jajka
- 2 łyżki mąki kukurydzianej
- 2 łyżki wina ryżowego Shaoxing, podzielone
- 1 łyżeczka soli koszernej, podzielona
- 1,5 kg świeżych morskich przegrzebków, opłukane, pozbawione mięśni i osuszone
- 3 łyżki oleju roślinnego, podzielone
- 1 łyżka jasnego sosu sojowego
- $\frac{1}{4}$ szklanki świeżo wyciśniętego soku pomarańczowego
- starta skórka z 1 pomarańczy
- Płatki czerwonej papryki (opcjonalnie)
- 2 szalotki, tylko zielona część, pokrojone w cienkie plasterki, do dekoracji

Wskazówki:

a) W dużej misce wymieszaj białko, mąkę kukurydzianą, 1 łyżkę wina ryżowego i ½ łyżeczki soli i mieszaj małą trzepaczką, aż mąka kukurydziana całkowicie się rozpuści i nie będzie już grudkowata. Wrzuć przegrzebki i wstaw do lodówki na 30 minut.

b) Wyjmij przegrzebki z lodówki. Zagotuj wodę w średniej wielkości garnku. Dodaj 1 łyżkę oleju roślinnego i gotuj na wolnym ogniu. Dodaj przegrzebki do gotującej się wody i gotuj przez 15 do 20 sekund, ciągle mieszając, aż przegrzebki staną się nieprzezroczyste (przegrzebki nie zostaną całkowicie ugotowane). Za pomocą skimmera do woka przenieś przegrzebki na blachę wyłożoną ręcznikiem papierowym i osusz papierowymi ręcznikami.

c) W szklanej miarce wymieszaj pozostałą 1 łyżkę wina ryżowego, jasną soję, sok pomarańczowy, skórkę pomarańczową i szczyptę płatków czerwonej papryki (jeśli używasz) i odstaw na bok.

d) Podgrzej wok na średnim ogniu, aż kropla wody skwierczy i wyparuje w kontakcie. Wlej pozostałe 2 łyżki oleju i wymieszaj, aby pokryć spód woka. Dopraw olej, dodając pozostałe ½ łyżeczki soli.

e) Dodaj aksamitne przegrzebki do woka i zamieszaj w sosie. Smaż przegrzebki, aż będą gotowe, około 1 minuty. Przełożyć do naczynia do serwowania i udekorować szalotką.

21. Owoce morza i warzywa Stir-Fry z makaronem

Składniki:

- 1 szklanka oleju roślinnego, podzielona
- 3 obrane świeże plastry imbiru
- Sól koszerna
- 1 czerwona papryka, pokrojona na 1-calowe kawałki
- 1 mała biała cebula pokrojona w cienkie, długie pionowe paski
- 1 duża garść groszku śnieżnego bez nitek
- 2 duże ząbki czosnku, drobno posiekane
- ½ funta krewetki lub ryby pokrojonej na 1-calowe kawałki
- 1 łyżka sosu z czarnej fasoli
- ½ funta suszonego makaronu ryżowego wermiszel lub makaronu fasolowego

Wskazówki:

a) Podgrzej wok na średnim ogniu, aż kropla wody skwierczy i wyparuje w kontakcie. Wlej 2 łyżki oleju i wymieszaj, aby pokryć spód woka. Dopraw olej, dodając plasterki imbiru i niewielką szczyptę soli. Pozwól imbirowi skwierczeć w oleju przez około 30 sekund, delikatnie mieszając.

b) Dodaj paprykę i cebulę i szybko podsmaż, podrzucając i obracając je w woku za pomocą łopatki do woka.

c) Lekko dopraw solą i smaż dalej przez 4 do 6 minut, aż cebula będzie miękka i przezroczysta. Dodaj groszek śnieżny i czosnek, podrzucając i przewracając, aż czosnek będzie pachniał, około minuty. Przełóż warzywa na talerz.

d) Podgrzej kolejną 1 łyżkę oleju i dodaj krewetki lub rybę. Delikatnie wrzucić i lekko doprawić niewielką szczyptą soli. Smaż przez 3 do 4 minut, aż krewetki staną się różowe lub ryba zacznie się kruszyć. Wrzuć warzywa i wymieszaj wszystko jeszcze przez 1 minutę. Wyrzuć imbir i przełóż krewetki na półmisek. Namiot z folią do utrzymywania ciepła.

e) Wytrzyj wok i wróć do średniego ognia. Wlej pozostały olej (około $\frac{3}{4}$ szklanki) i podgrzej do 375°F lub aż zacznie bulgotać i skwierczeć na końcu drewnianej łyżki. Gdy olej osiągnie odpowiednią temperaturę, dodaj suszony makaron. Natychmiast zaczną puchnąć i unosić się z oleju. Za pomocą szczypiec odwróć chmurę makaronu, jeśli chcesz usmażyć wierzch, i ostrożnie wyjmij go z oleju i przenieś na talerz wyłożony ręcznikiem papierowym, aby odsączyć i ostygnąć.

f) Delikatnie połam makaron na mniejsze kawałki i posyp smażone warzywa i krewetki. Natychmiast podawaj.

22. Ryba w całości gotowana na parze z imbirem i szalotką

Składniki:

Dla ryb

- 1 cała biała ryba, około 2 funtów, z głową i oczyszczona
- ½ szklanki soli koszernej, do czyszczenia
- 3 szalotki, pokrojone na 3-calowe kawałki
- 4 obrane plasterki świeżego imbiru, każdy wielkości ćwiartki
- 2 łyżki wina ryżowego Shaoxing

na sos

- 2 łyżki jasnego sosu sojowego
- 1 łyżka oleju sezamowego
- 2 łyżeczki cukru

Do skwierczącego olejku imbirowego

- 3 łyżki oleju roślinnego
- 2 łyżki obranego świeżego imbiru drobno posiekanego w cienkie paski
- 2 szalotki, pokrojone w cienkie plasterki
- Czerwona cebula, cienko pokrojona (opcjonalnie)
- Kolendra (opcjonalnie)

Wskazówki:

a) Natrzyj rybę wewnątrz i na zewnątrz koszerną solą. Rybę opłukać i osuszyć papierowymi ręcznikami.

b) Na talerzu wystarczająco dużym, aby zmieścił się w bambusowym koszyku do gotowania na parze, przygotuj łóżko, używając połowy każdej szalotki i imbiru. Połóż rybę na wierzchu i włóż do środka pozostałe szalotki i imbir. Zalej rybę winem ryżowym.

c) Wypłucz bambusowy koszyk do gotowania na parze wraz z pokrywką pod zimną wodą i umieść go w woku. Wlej około 2 cale zimnej wody lub do momentu, gdy znajdzie się powyżej dolnej krawędzi parowaru o około $\frac{1}{4}$ do $\frac{1}{2}$ cala, ale nie tak wysoko, aby woda dotykała dna kosza. Zagotuj wodę.

d) Umieść talerz w koszu do gotowania na parze i przykryj. Gotuj rybę na średnim ogniu przez 15 minut (dodaj 2 minuty na każde pół funta więcej). Przed wyjęciem z woka szturchnij rybę widelcem w pobliżu głowy. Jeśli mięso się kruszy, to koniec. Jeśli miąższ nadal się skleja, gotuj na parze jeszcze przez 2 minuty.

e) Gdy ryba gotuje się na parze, na małym rondlu rozgrzej lekką soję, olej sezamowy i cukier na małym ogniu i odstaw.

f) Po ugotowaniu ryby przełóż na czysty półmisek. Wylej płyn i aromaty z płyty do gotowania na parze. Zalej rybę ciepłą mieszanką sosu sojowego. Namiot z folią, aby był ciepły podczas przygotowywania oleju.

23. Smażona Ryba z Imbirem i Bok Choy

Składniki:

- 1 duże białko jajka
- 1 łyżka wina ryżowego Shaoxing
- 2 łyżeczki mąki kukurydzianej
- 1 łyżeczka oleju sezamowego
- ½ łyżeczki jasnego sosu sojowego
- 1-funtowe filety rybne bez kości, pokrojone na 2-calowe kawałki
- 4 łyżki oleju roślinnego, podzielone
- Sól koszerna
- 4 obrane świeże plastry imbiru, wielkości około ćwiartki
- 3 główki baby bok choy, pokrojone na kawałki wielkości kęsa
- 1 ząbek czosnku, posiekany

Wskazówki:

a) W średniej misce wymieszaj białko jajka, wino ryżowe, skrobię kukurydzianą, olej sezamowy i jasną soję. Dodaj rybę do marynaty i wymieszaj, aby się pokryła. Marynować przez 10 minut.

b) Podgrzej wok na średnim ogniu, aż kropla wody skwierczy i wyparuje w kontakcie. Wlej 2 łyżki oleju roślinnego i wymieszaj, aby pokryć spód woka. Dopraw olej, dodając niewielką szczyptę soli i delikatnie zamieszaj.

c) Łyżką cedzakową wyjmij rybę z marynaty i obsmaż w woku przez około 2 minuty z każdej strony, aż lekko się zarumienią z obu stron. Rybę przełożyć na talerz i odstawić.

d) Dodaj pozostałe 2 łyżki oleju roślinnego do woka. Dodaj kolejną szczyptę soli i imbiru i dopraw olej, delikatnie mieszając przez 30 sekund. Dodaj kapustę bok choy i czosnek i smaż przez 3 do 4 minut, ciągle mieszając, aż bok choy zmięknie.

e) Włóż rybę do woka i delikatnie wymieszaj razem z bok choy, aż się połączą. Lekko dopraw kolejną szczyptą soli. Przełóż na półmisek, wyrzuć imbir i natychmiast podawaj.

24. Małże w Sosie z Czarnej Fasoli

Składniki:

- 3 łyżki oleju roślinnego
- 2 obrane plasterki świeżego imbiru, każdy wielkości ćwiartki
- Sól koszerna
- 2 szalotki, pokrojone na 2-calowe kawałki
- 4 duże ząbki czosnku, pokrojone w cienkie plasterki
- 2 funty żywych małży PEI, wyszorowanych i pozbawionych brody
- 2 łyżki wina ryżowego Shaoxing
- 2 łyżki sosu z czarnej fasoli lub kupionego w sklepie sosu z czarnej fasoli
- 2 łyżeczki oleju sezamowego
- ½ pęczka świeżej kolendry, grubo posiekanej

Wskazówki:

a) Podgrzej wok na średnim ogniu, aż kropla wody skwierczy i wyparuje w kontakcie. Wlej olej roślinny i zamieszaj, aby pokryć spód woka. Dopraw olej, dodając plasterki imbiru i niewielką szczyptę soli. Pozwól imbirowi skwierczeć w oleju przez około 30 sekund, delikatnie mieszając.

b) Wrzuć szalotki i czosnek i smaż przez 10 sekund, aż szalotki zwiędną.

c) Dodać małże i posmarować olejem. Wlej wino ryżowe po bokach woka i krótko wrzuć. Przykryj i gotuj na parze przez 6-8 minut, aż małże się otworzą.

d) Odkryć i dodać sos z czarnej fasoli, podrzucając, aby pokryć małże. Przykryj i pozostaw na parze przez kolejne 2 minuty. Odkryć i przeszukać, usuwając małże, które się nie otworzyły.

e) Skrop małże olejem sezamowym. Rzuć krótko, aż olej sezamowy będzie pachnący. Wyrzuć imbir, przełóż małże na półmisek i udekoruj kolendrą.

25.   Krab w Kokosowym Curry

Składniki:

- 2 łyżki oleju roślinnego
- 2 obrane plastry świeżego imbiru wielkości ok. ćwiartki
- Sól koszerna
- 1 szalotka, pokrojona w cienkie plasterki
- 1 łyżka curry w proszku
- 1 (13,5 uncji) puszka mleka kokosowego
- ¼ łyżeczki cukru
- 1 łyżka wina ryżowego Shaoxing
- 1-funtowe mięso kraba w puszkach, odsączone i przebrane w celu usunięcia kawałków skorupy
- Świeżo zmielony czarny pieprz
- ¼ szklanki posiekanej świeżej kolendry lub natki pietruszki, do dekoracji
- Ugotowany ryż do podania

Wskazówki:

a) Podgrzej wok na średnim ogniu, aż kropla wody skwierczy i wyparuje w kontakcie. Wlej olej i zamieszaj, aby pokryć spód woka. Dopraw olej, dodając plasterki imbiru i szczyptę soli. Pozwól imbirowi skwierczeć w oleju przez około 30 sekund, delikatnie mieszając.

b) Dodaj szalotkę i smaż przez około 10 sekund. Dodaj curry i mieszaj, aż pachnie przez kolejne 10 sekund.

c) Dodaj mleko kokosowe, cukier i wino ryżowe, przykryj wok i gotuj przez 5 minut.

d) Wymieszaj kraba, przykryj pokrywką i gotuj do podgrzania, około 5 minut. Zdejmij pokrywkę, dopraw solą i pieprzem i wyrzuć imbir. Nałóż chochlę na wierzch miski ryżu i udekoruj posiekaną kolendrą.

26.   Smażone kalmary z czarnym pieprzem

Składniki:

- 3 szklanki oleju roślinnego
- 1-funtowe rurki i macki kalmarów, oczyszczone i pocięte rurki ⅓-calowe pierścienie
- ½ szklanki mąki ryżowej
- Sól koszerna
- ¼ łyżeczki świeżo zmielonego czarnego pieprzu
- ¾ szklanka wody gazowanej, zimna jak lód
- 2 łyżki grubo posiekanej świeżej kolendry

Wskazówki:

a) Wlej olej do woka; olej powinien mieć głębokość około 1 do 1½ cala. Doprowadź olej do 375°F na średnim ogniu. Możesz stwierdzić, że olej ma odpowiednią temperaturę, gdy olej bąbelkuje i skwierczy na końcu drewnianej łyżki po zanurzeniu. Osusz kalmary papierowymi ręcznikami.

b) W międzyczasie w płytkiej misce wymieszaj mąkę ryżową ze szczyptą soli i pieprzem. Ubij tylko tyle wody gazowanej, aby powstało cienkie ciasto. Złóż kalmary i pracując partiami, podnieś kalmary z ciasta za pomocą skimmera do woka lub łyżki cedzakowej, strzepując nadmiar. Ostrożnie zanurzyć w gorącym oleju.

c) Gotuj kalmary przez około 3 minuty, aż będą złocistobrązowe i chrupiące. Za pomocą skimmera do woka usuń kalmary z oleju i przenieś je na talerz wyłożony ręcznikiem papierowym i lekko dopraw solą. Powtórz z pozostałą kałamarnicą.

d) Przełóż kalmary na półmisek i udekoruj kolendrą. Podawać na gorąco.

27.   Smażone ostrygi z konfetti chili i czosnku

Składniki:

- 1 (16 uncji) pojemnik na małe ostrygi bez muszli
- ½ szklanki mąki ryżowej
- ½ szklanki mąki uniwersalnej, podzielonej
- ½ łyżeczki proszku do pieczenia
- Sól koszerna
- Pieprz biały mielony
- ¼ łyżeczki cebuli w proszku
- ¾ szklanka wody gazowanej, schłodzonej
- 1 łyżeczka oleju sezamowego
- 3 szklanki oleju roślinnego
- 3 duże ząbki czosnku, pokrojone w cienkie plasterki
- 1 małe czerwone chili, pokrojone w drobną kostkę
- 1 małe zielone chili, drobno pokrojone
- 1 szalotka, pokrojona w cienkie plasterki

Wskazówki:

a) W misce wymieszaj mąkę ryżową, ¼ szklanki mąki uniwersalnej, proszek do pieczenia, szczyptę soli i białego pieprzu oraz cebulę w proszku. Dodaj wodę gazowaną i olej sezamowy, wymieszaj do uzyskania gładkości i odstaw na bok.

b) W woku podgrzej olej roślinny na średnim ogniu do 375°F lub aż zacznie bulgotać i skwiercze wokół końca drewnianej łyżki.

c) Ostrygi osuszyć ręcznikiem papierowym i obtoczyć w pozostałej ¼ szklanki mąki uniwersalnej. Ostrygi zanurzaj pojedynczo w cieście z mąki ryżowej i ostrożnie zanurzaj w gorącym oleju.

d) Smaż ostrygi przez 3-4 minuty lub na złoty kolor. Przenieś do drucianego stojaka chłodzącego zamocowanego nad blachą do pieczenia, aby odsączyć. Lekko posyp solą.

e) Przywróć temperaturę oleju do 375°F i smaż przez około 45 sekund czosnek i chili, aż będą chrupiące, ale nadal jaskrawo zabarwione. Za pomocą skimmera drucianego wyjmij olej i połóż na talerzu wyłożonym ręcznikiem papierowym.

f) Na półmisku ułożyć ostrygi i posypać czosnkiem i chilli. Udekoruj pokrojoną szalotką i od razu podawaj.

DRÓB I JAJA

28.   Kurczak kung Pao

Składniki:

- 3 łyżeczki jasnego sosu sojowego
- 2½ łyżeczki mąki kukurydzianej
- 2 łyżeczki czarnego octu chińskiego
- 1 łyżeczka wina ryżowego Shaoxing
- 1 łyżeczka oleju sezamowego
- ¾ udka z kurczaka bez kości, bez skóry, pokrojone na 1 cal
- 2 łyżki oleju roślinnego
- 6 do 8 całych suszonych czerwonych papryczek chili
- 3 szalotki, oddzielone białe i zielone części, pokrojone w cienkie plasterki
- 2 ząbki czosnku, posiekane
- 1 łyżeczka obranego, posiekanego świeżego imbiru
- ¼ szklanki niesolonych suchych prażonych orzeszków ziemnych

Wskazówki:

a) W średniej misce wymieszaj jasną soję, skrobię kukurydzianą, czarny ocet, wino ryżowe i olej sezamowy, aż skrobia kukurydziana się rozpuści. Dodaj kurczaka i delikatnie wymieszaj, aby pokryć. Marynuj przez 10 do 15 minut lub wystarczająco dużo czasu na przygotowanie pozostałych składników.

b) Podgrzej wok na średnim ogniu, aż kropla wody skwierczy i wyparuje w kontakcie. Wlej olej roślinny i zamieszaj, aby pokryć spód woka.

c) Dodaj chili i smaż przez około 10 sekund, aż zaczną czernieć, a olej będzie lekko pachnący.

d) Dodaj kurczaka, zachowując marynatę i smaż przez 3 do 4 minut, aż przestanie się różowy.

e) Wrzuć białka szalotki, czosnek i imbir i smaż przez około 30 sekund. Wlej marynatę i wymieszaj, aby pokryć kurczaka. Wrzuć orzeszki ziemne i gotuj przez kolejne 2-3 minuty, aż sos stanie się błyszczący.

f) Przełóż na półmisek, udekoruj zieleniną szalotka i podawaj na gorąco.

29. Kurczak Brokułowy

Składniki:

- 1 łyżka wina ryżowego Shaoxing
- 2 łyżeczki jasnego sosu sojowego
- 1 łyżeczka mielonego czosnku
- 1 łyżeczka mąki kukurydzianej
- $\frac{1}{4}$ łyżeczki cukru
- $\frac{3}{4}$ udka z kurczaka bez kości i skóry, pokrojone na 2-calowe kawałki
- 2 łyżki oleju roślinnego
- 4 obrane świeże plastry imbiru, wielkości około ćwiartki
- Sól koszerna
- 1-funtowe brokuły, pokrojone na różyczki wielkości kęsa
- 2 łyżki wody
- Płatki czerwonej papryki (opcjonalnie)
- $\frac{1}{4}$ szklanki sosu z czarnej fasoli lub sosu z czarnej fasoli kupionego w sklepie

Wskazówki:

a) W małej misce wymieszaj wino ryżowe, jasną soję, czosnek, skrobię kukurydzianą i cukier. Dodaj kurczaka i marynuj przez 10 minut.

b) Podgrzej wok na średnim ogniu, aż kropla wody skwierczy i wyparuje w kontakcie. Wlej olej roślinny i zamieszaj, aby pokryć spód woka. Dodaj imbir i szczyptę soli. Pozwól imbirowi skwierczeć przez około 30 sekund, delikatnie mieszając.

c) Przełóż kurczaka do woka, wyrzucając marynatę. Smaż kurczaka przez 4-5 minut, aż przestanie się różowy. Dodaj brokuły, wodę i szczyptę płatków czerwonej papryki (jeśli używasz) i smaż przez 1 minutę. Przykryj wok i gotuj brokuły przez 6-8 minut, aż będą chrupiące.

d) Mieszaj sos z czarnej fasoli, aż się pokryje i podgrzej przez około 2 minuty lub do momentu, gdy sos lekko zgęstnieje i stanie się błyszczący.

e) Wyrzuć imbir, przełóż na półmisek i podawaj na gorąco.

30. Kurczak ze skórką mandarynkową

Składniki:

- 3 duże białka jaj
- 2 łyżki mąki kukurydzianej
- 1½ łyżki jasnego sosu sojowego, podzielonego
- ¼ łyżeczki mielonego białego pieprzu
- ¾ udka z kurczaka bez kości i skóry, pokrojone na kawałki wielkości kęsa
- 3 szklanki oleju roślinnego
- 4 obrane plasterki świeżego imbiru, każdy wielkości ćwiartki
- 1 łyżeczka ziaren pieprzu syczuańskiego, lekko popękane
- Sól koszerna
- ½ żółtej cebuli, cienko pokrojonej w paski o szerokości ¼ cala
- Skórka 1 mandarynki, posiekana na paski o grubości ⅛ cala
- Sok z 2 mandarynek (około ½ szklanki)
- 2 łyżeczki oleju sezamowego
- ½ łyżeczki octu ryżowego
- Jasnobrązowy cukier
- 2 szalotki, pokrojone w cienkie plasterki, do dekoracji

- 1 łyżka sezamu do dekoracji

Wskazówki:

a) W misce za pomocą widelca lub trzepaczki ubić białka do uzyskania piany, a ciaśniejsze grudki się pienią. Wymieszaj skrobię kukurydzianą, 2 łyżeczki jasnej soi i biały pieprz, aż dobrze się połączą. Złożyć kurczaka i marynować przez 10 minut.

b) Wlej olej do woka; olej powinien mieć głębokość około 1 do $1\frac{1}{2}$ cala. Doprowadź olej do 375°F na średnim ogniu. Możesz stwierdzić, że olej ma odpowiednią temperaturę, zanurzając w nim koniec drewnianej łyżki. Jeśli olej wokół niego bulgocze i skwierczy, olej jest gotowy.

c) Za pomocą łyżki cedzakowej lub odpieniacza do woka wyjmij kurczaka z marynaty i strząśnij nadmiar. Ostrożnie zanurzyć w gorącym oleju. Smaż kurczaka partiami przez 3 do 4 minut, aż kurczak będzie złocistobrązowy i chrupiący na powierzchni. Przełóż na talerz wyłożony ręcznikiem papierowym.

d) Wylej wszystko oprócz 1 łyżki oleju z woka i postaw na średnim ogniu. Zakręć olej, aby pokryć podstawę woka. Dopraw olej dodając imbir, pieprz i szczyptę soli. Pozwól imbirowi i pieprzowi skwierczeć w oleju przez około 30 sekund, delikatnie mieszając.

e) Dodaj cebulę i smaż, podrzucając i przewracając łopatką do woka przez 2 do 3 minut, aż cebula stanie się miękka i przezroczysta. Dodać skórkę mandarynki i smażyć jeszcze minutę, aż zacznie pachnieć.

f) Dodaj sok mandarynkowy, olej sezamowy, ocet i szczyptę brązowego cukru. Zagotuj sos i gotuj na wolnym ogniu przez około 6 minut, aż zmniejszy się o połowę. Powinien być syropowaty i bardzo cierpki. Skosztuj i w razie potrzeby dodaj szczyptę soli.

g) Wyłączyć ogień i dodać smażonego kurczaka, obtaczając go sosem. Przełóż kurczaka na półmisek, wyrzuć imbir i udekoruj pokrojoną szalotką i sezamem. Podawać na gorąco.

31. Kurczak z orzechów nerkowca

DLA 4 DO 6

Składniki:

- 1 łyżka jasnego sosu sojowego
- 2 łyżeczki wina ryżowego Shaoxing
- 2 łyżeczki mąki kukurydzianej
- 1 łyżeczka oleju sezamowego
- ½ łyżeczki mielonego pieprzu syczuańskiego
- ¾ udka z kurczaka bez kości, bez skóry, pokrojone w 1-calową kostkę
- 2 łyżki oleju roślinnego
- ½-calowy kawałek obranego drobno zmielonego świeżego imbiru
- Sól koszerna
- ½ czerwonej papryki, pokrojonej na ½-calowe kawałki
- 1 mała cukinia, pokrojona na ½-calowe kawałki
- 2 ząbki czosnku, posiekane
- ½ szklanki niesolonych, suchych prażonych orzechów nerkowca

- 2 szalotki, oddzielone białe i zielone części, pokrojone w cienkie plasterki

Wskazówki:

a) W średniej misce wymieszaj jasną soję, wino ryżowe, skrobię kukurydzianą, olej sezamowy i pieprz syczuański. Dodaj kurczaka i delikatnie wymieszaj, aby pokryć. Pozostaw do marynowania przez 15 minut lub na tyle czasu, aby przygotować resztę składników.

b) Podgrzej wok na średnim ogniu, aż kropla wody skwierczy i wyparuje w kontakcie. Wlej olej roślinny i zamieszaj, aby pokryć spód woka. Dopraw olej dodając imbir i szczyptę soli. Pozwól imbirowi skwierczeć w oleju przez około 30 sekund, delikatnie mieszając.

c) Szczypcami wyjąć kurczaka z marynaty i przenieść do woka, zachowując marynatę. Smaż kurczaka przez 4-5 minut, aż przestanie się różowy. Dodaj czerwoną paprykę, cukinię i czosnek i smaż przez 2-3 minuty, aż warzywa będą miękkie.

d) Wlej marynatę i wymieszaj, aby pokryć pozostałe składniki. Doprowadź marynatę do wrzenia i smaż przez 1-2 minuty, aż sos stanie się gęsty i błyszczący. Dodaj orzechy nerkowca i gotuj jeszcze przez minutę.

e) Przełóż na talerz, udekoruj szalotką i podawaj na gorąco.

32. Aksamitny Kurczak i Śnieżny Groszek

Składniki:

- 2 duże białka jaj
- 2 łyżki mąki kukurydzianej plus 1 łyżeczka
- ¾ funtowe piersi z kurczaka bez kości i skóry
- 3½ łyżki oleju roślinnego, podzielone
- ⅓ szklanka niskosodowego bulionu z kurczaka
- 1 łyżka wina ryżowego Shaoxing
- Sól koszerna
- Pieprz biały mielony
- 4 obrane świeże plasterki imbiru
- 1 (4 uncje) może pokroić pędy bambusa w plasterki, wypłukać i odsączyć
- 3 ząbki czosnku, posiekane
- ¾ groszek śnieżny lub groszek cukrowy bez nitek

Wskazówki:

a) W misce za pomocą widelca lub trzepaczki ubić białka jajek, aż się spienią, a ciaśniejsze grudki białka będą pieniste. Wymieszaj 2 łyżki mąki kukurydzianej, aż dobrze się połączą i nie będą już grudki. Złożyć kurczaka i 1 łyżkę oleju roślinnego i zamarynować.

b) W małej misce wymieszaj bulion z kurczaka, wino ryżowe i pozostałą 1 łyżeczkę skrobi kukurydzianej, dopraw szczyptą soli i białego pieprzu. Odłożyć na bok.

c) Doprowadź średni rondel wypełniony wodą do wrzenia na dużym ogniu. Dodaj ½ łyżki oleju i zmniejsz ogień do wrzenia. Za pomocą skimmera do woka lub łyżki cedzakowej, aby marynata spłynęła, przenieś kurczaka do wrzącej wody. Zamieszaj kurczaka, aby kawałki się nie zlepiły. Smaż przez 40-50 sekund, aż kurczak będzie biały na zewnątrz, ale nie dogotowany. Odsącz kurczaka na durszlaku i strząśnij nadmiar wody. Wylej gotującą się wodę.

d) Podgrzej wok na średnim ogniu, aż kropla wody skwierczy i wyparuje w kontakcie. Wlej pozostałe 2 łyżki oleju i wymieszaj, aby pokryć spód woka. Dopraw olej, dodając plasterki imbiru i sól. Pozwól imbirowi skwierczeć w oleju przez około 30 sekund, delikatnie mieszając.

e) Dodaj pędy bambusa i czosnek i za pomocą łopatki do woka obtocz olejem i smaż do pachnącego zapachu, około 30 sekund. Dodaj groszek śnieżny i smaż przez około 2 minuty, aż stanie się jasnozielony i chrupiący. Dodaj kurczaka do woka i wymieszaj z sosem. Wrzucić do płaszcza i kontynuować gotowanie przez 1 do 2 minut.

f) Przełóż na półmisek i wyrzuć imbir. Podawać na gorąco.

33. Kurczak i Warzywa w Sosie z Czarnej Fasoli

Składniki:

- 1 łyżka jasnego sosu sojowego
- 1 łyżeczka oleju sezamowego
- 1 łyżeczka mąki kukurydzianej
- ¾ udka z kurczaka bez kości i skóry, pokrojone na kawałki wielkości kęsa
- 3 łyżki oleju roślinnego, podzielone
- 1 obrany kawałek świeżego imbiru, wielkości około ćwiartki
- Sól koszerna
- 1 mała żółta cebula, pokrojona na kawałki wielkości kęsa
- ½ czerwonej papryki, pokrojonej na kawałki wielkości kęsa
- ½ żółtej lub zielonej papryki, pokrojonej na kawałki wielkości kęsa
- 3 ząbki czosnku, posiekane
- ⅓ filiżanka sosu z czarnej fasoli lub kupionego w sklepie sosu z czarnej fasoli

Wskazówki:

a) W dużej misce wymieszaj razem jasną soję, olej sezamowy i skrobię kukurydzianą, aż skrobia kukurydziana się rozpuści. Dodaj kurczaka i obtocz w marynacie. Odstawić kurczaka na bok do marynowania przez 10 minut.

b) Podgrzej wok na średnim ogniu, aż kropla wody skwierczy i wyparuje w kontakcie. Wlej 2 łyżki oleju roślinnego i wymieszaj, aby pokryć spód woka. Dopraw olej dodając imbir i szczyptę soli. Pozwól imbirowi skwierczeć w oleju przez około 30 sekund, delikatnie mieszając.

c) Przełóż kurczaka do woka i wyrzuć marynatę. Niech kawałki smażą się w woku przez 2 do 3 minut. Odwróć, aby obsmażyć po drugiej stronie jeszcze przez 1 do 2 minut. Smażyć szybko, przewracając i obracając w woku jeszcze przez 1 minutę. Przełóż do czystej miski.

d) Dodaj pozostałą 1 łyżkę oleju i wrzuć cebulę i paprykę. Szybko smaż przez 2-3 minuty, podrzucając i przewracając warzywa łopatką do woka, aż cebula będzie przezroczysta, ale nadal będzie miała jędrną konsystencję. Dodaj czosnek i smaż przez kolejne 30 sekund.

e) Włóż kurczaka do woka i dodaj sos z czarnej fasoli. Rzuć i odwróć, aż kurczak i warzywa się pokryją.

f) Przełóż na półmisek, wyrzuć imbir i podawaj na gorąco.

34. Kurczak z zieloną fasolą

Składniki:

- $\frac{3}{4}$ udka z kurczaka bez kości i skóry, pokrojone w poprzek ziarna na paski wielkości kęsa
- 3 łyżki wina ryżowego Shaoxing, podzielone
- 2 łyżeczki mąki kukurydzianej
- Sól koszerna
- płatki czerwonej papryki
- 3 łyżki oleju roślinnego, podzielone
- 4 obrane plasterki świeżego imbiru, każdy wielkości ćwiartki
- $\frac{3}{4}$ funt zielonej fasoli, przycięty i przekrojony na pół w poprzek po przekątnej
- 2 łyżki jasnego sosu sojowego
- 1 łyżka doprawionego octu ryżowego
- $\frac{1}{4}$ szklanki posiekanych migdałów, prażonych
- 2 łyżeczki oleju sezamowego

Wskazówki:

a) W misce wymieszać kurczaka z 1 łyżką wina ryżowego, mąką kukurydzianą, szczyptą soli i szczyptą płatków czerwonej papryki. Wymieszaj, aby równomiernie pokryć kurczaka. Marynować przez 10 minut.

b) Podgrzej wok na średnim ogniu, aż kropla wody skwierczy i wyparuje w kontakcie. Wlej 2 łyżki oleju roślinnego i wymieszaj, aby pokryć spód woka. Dopraw olej dodając imbir i niewielką szczyptę soli. Pozwól imbirowi skwierczeć w oleju przez około 30 sekund, delikatnie mieszając.

c) Dodaj kurczaka i marynatę do woka i smaż przez 3-4 minuty, aż kurczak będzie lekko przypieczony i nie będzie już różowy. Przełożyć do czystej miski i odstawić.

d) Dodaj pozostałą 1 łyżkę oleju roślinnego i smaż zieloną fasolkę przez 2 do 3 minut, aż staną się jasnozielone. Włóż kurczaka do woka i wymieszaj razem. Dodaj pozostałe 2 łyżki wina ryżowego, jasną soję i ocet. Wymieszaj i pokryj, a zieloną fasolkę gotuj jeszcze przez 3 minuty, aż zmiękną. Usuń imbir i wyrzuć.

e) Wrzuć migdały i przełóż na półmisek. Skrop olejem sezamowym i podawaj na gorąco.

35. Kurczak w Sosie Sezamowym

Składniki:

- 3 duże białka jaj
- 3 łyżki mąki kukurydzianej, podzielone
- 1½ łyżki jasnego sosu sojowego, podzielonego
- 1 funt ud kurczaka bez kości i skóry, pokrojone na kawałki wielkości kęsa
- 3 szklanki oleju roślinnego
- 3 obrane plasterki świeżego imbiru, każdy wielkości ćwiartki
- Sól koszerna
- płatki czerwonej papryki
- 3 ząbki czosnku, grubo posiekane
- ¼ szklanki niskosodowego bulionu z kurczaka
- 2 łyżki oleju sezamowego
- 2 szalotki, pokrojone w cienkie plasterki, do dekoracji
- 1 łyżka sezamu do dekoracji

Wskazówki:

a) W misce za pomocą widelca lub trzepaczki ubić białka jajek, aż się spienią, a ciaśniejsze grudki białka będą pieniste. Wymieszaj 2 łyżki mąki kukurydzianej i 2 łyżeczki jasnej soi, aż dobrze się połączą. Złożyć kurczaka i marynować przez 10 minut.

b) Wlej olej do woka; olej powinien mieć głębokość około 1 do $1\frac{1}{2}$ cala. Doprowadź olej do 375°F na średnim ogniu. Możesz stwierdzić, że olej ma odpowiednią temperaturę, zanurzając w nim koniec drewnianej łyżki. Jeśli olej wokół niego bulgocze i skwierczy, olej jest gotowy.

c) Za pomocą łyżki cedzakowej lub odpieniacza do woka wyjmij kurczaka z marynaty i strząśnij nadmiar. Ostrożnie zanurzyć w gorącym oleju. Smaż kurczaka partiami przez 3 do 4 minut, aż kurczak będzie złocistobrązowy i chrupiący na powierzchni. Przełóż na talerz wyłożony ręcznikiem papierowym.

d) Wylej wszystko oprócz 1 łyżki oleju z woka i postaw na średnim ogniu. Zakręć olej, aby pokryć podstawę woka. Dopraw olej dodając imbir oraz szczyptę płatków soli i czerwonej papryki. Pozwól płatkom imbiru i pieprzu skwierczeć w oleju przez około 30 sekund, delikatnie mieszając.

e) Dodaj czosnek i smaż, podrzucając i przewracając łopatką do woka przez 30 sekund. Dodaj bulion z kurczaka, pozostałe $2\frac{1}{2}$ łyżeczki jasnej soi i pozostałą 1 łyżkę mąki kukurydzianej.

Dusić przez 4-5 minut, aż sos zgęstnieje i stanie się błyszczący. Dodaj olej sezamowy i wymieszaj, aby połączyć.

f) Wyłączyć ogień i dodać smażonego kurczaka, obtaczając go sosem. Usuń imbir i wyrzuć. Przełóż na półmisek i udekoruj pokrojoną szalotką i sezamem.

36. Słodko-kwaśny kurczak

Składniki:

- 2 łyżeczki mąki kukurydzianej i 2 łyżki wody
- 3 łyżki oleju roślinnego, podzielone
- 4 obrane świeże plasterki imbiru
- ¾ udka z kurczaka bez kości i skóry, pokrojone na kęs
- ½ czerwonej papryki, pokrojonej na ½-calowe kawałki
- ½ zielonej papryki, pokrojonej na ½-calowe kawałki
- ½ żółtej cebuli, pokrojonej na ½-calowe kawałki
- 1 (8 uncji) puszki ananasa w kawałkach, odsączone, soki zarezerwowane
- 1 (4 uncje) puszki pokrojonych w plasterki kasztanów wodnych, odsączonych
- ¼ szklanki niskosodowego bulionu z kurczaka
- 2 łyżki jasnobrązowego cukru
- 2 łyżki octu jabłkowego
- 2 łyżki ketchupu
- 1 łyżeczka sosu Worcestershire
- 3 szalotki, pokrojone w cienkie plasterki, do dekoracji

Wskazówki:

a) W małej misce wymieszać mąkę kukurydzianą z wodą i odstawić.

b) Podgrzej wok na średnim ogniu, aż kropla wody skwierczy i wyparuje w kontakcie. Wlej 2 łyżki oleju i wymieszaj, aby pokryć spód woka. Dopraw olej dodając imbir i szczyptę soli. Pozwól imbirowi skwierczeć w oleju przez około 30 sekund, delikatnie mieszając.

c) Dodaj kurczaka i smaż na woku przez 2-3 minuty. Odwróć i wrzuć kurczaka, smaż jeszcze przez około 1 minutę, aż przestanie się różowy. Przełożyć do miski i odstawić.

d) Dodaj pozostałą 1 łyżkę oleju i wymieszaj, aby uzyskać sierść. Smażyć czerwoną i zieloną paprykę oraz cebulę przez 3 do 4 minut, aż będą miękkie i przezroczyste. Dodaj ananasa i kasztany wodne i smaż przez kolejną minutę. Dodaj warzywa do kurczaka i odstaw na bok.

e) Wlej do woka zarezerwowany sok ananasowy, bulion z kurczaka, brązowy cukier, ocet, ketchup i sos Worcestershire i zagotuj. Utrzymuj ogień na średnim ogniu i gotuj przez około 4 minuty, aż płyn zmniejszy się o połowę.

f) Włóż kurczaka i warzywa do woka i wymieszaj z sosem. Szybko zamieszaj mieszankę skrobi kukurydzianej i wody i dodaj do woka. Rzuć i odwróć wszystko, aż mąka kukurydziana zacznie gęstnieć sos, stając się lśniąca.

g) Wyrzuć imbir, przełóż na półmisek, udekoruj szalotką i podawaj na gorąco.

37.   Moo Goo Gai Pan

Składniki:

- 1 łyżka jasnego sosu sojowego
- 1 łyżka wina ryżowego Shaoxing
- 2 łyżeczki oleju sezamowego
- ¾ funtowe piersi z kurczaka bez kości i skóry, pokrojone w plastry
- ½ szklanki niskosodowego bulionu z kurczaka
- 2 łyżki sosu ostrygowego
- 1 łyżeczka cukru
- 1 łyżka mąki kukurydzianej
- 3 łyżki oleju roślinnego, podzielone
- 4 obrane świeże plasterki imbiru
- 4 uncje świeżych pieczarek, pokrojonych w cienkie plasterki
- 1 (4 uncje) puszki pokrojonych w plasterki pędów bambusa, odsączonych
- 1 (4 uncje) puszki pokrojonych w plasterki kasztanów wodnych, odsączonych
- 1 ząbek czosnku, drobno posiekany

Wskazówki:

a) W dużej misce wymieszaj jasną soję, wino ryżowe i olej sezamowy na gładką masę. Dodaj kurczaka i wymieszaj, aby obtoczyć. Marynować przez 15 minut.

b) W małej misce wymieszaj bulion z kurczaka, sos ostrygowy, cukier i mąkę kukurydzianą, aż będą gładkie i odstaw na bok.

c) Podgrzej wok na średnim ogniu, aż kropla wody skwierczy i wyparuje w kontakcie. Wlej 2 łyżki oleju roślinnego i wymieszaj, aby pokryć spód woka. Dopraw olej dodając imbir i niewielką szczyptę soli. Pozwól imbirowi skwierczeć w oleju przez około 30 sekund, delikatnie mieszając.

d) Dodaj kurczaka i wyrzuć marynatę. Smaż przez 2-3 minuty, aż kurczak przestanie być różowy. Przełożyć do czystej miski i odstawić.

e) Dodaj pozostałą 1 łyżkę oleju roślinnego. Pieczarki smażyć przez 3-4 minuty, szybko podrzucając i przewracając. Jak tylko grzyby wyschną, przestań smażyć i pozostaw grzyby na rozgrzanym woku przez około minutę.

f) Dodaj pędy bambusa, kasztany wodne i czosnek. Smaż przez 1 minutę lub do momentu, gdy czosnek będzie pachniał. Włóż kurczaka do woka i wymieszaj, aby połączyć.

g) Wymieszaj sos i dodaj do woka. Smażyć i smażyć, aż sos zacznie się gotować, około 45 sekund. Rzucaj i przewracaj, aż sos zgęstnieje i stanie się błyszczący. Usuń imbir i wyrzuć.

38.   Jajko Foo Yong

Składniki:

- 5 dużych jaj w temperaturze pokojowej
- Sól koszerna
- Pieprz biały mielony
- $\frac{1}{2}$ szklanki cienko pokrojonych czapek grzybów shiitake
- $\frac{1}{2}$ szklanki mrożonego groszku, rozmrożonego
- 2 szalotki, posiekane
- 2 łyżeczki oleju sezamowego
- $\frac{1}{2}$ szklanki niskosodowego bulionu z kurczaka
- $1\frac{1}{2}$ łyżki sosu ostrygowego
- 1 łyżka wina ryżowego Shaoxing
- $\frac{1}{2}$ łyżeczki cukru
- 2 łyżki jasnego sosu sojowego
- 1 łyżka mąki kukurydzianej
- 3 łyżki oleju roślinnego
- Ugotowany ryż do podania

Wskazówki:

a) W dużej misce ubij jajka ze szczyptą soli i białego pieprzu. Dodaj pieczarki, groszek, szalotkę i olej sezamowy. Odłożyć na bok.

b) Przygotuj sos, gotując bulion z kurczaka, sos ostrygowy, wino ryżowe i cukier w małym rondlu na średnim ogniu. W małej szklanej miarce wymieszaj jasną soję i skrobię kukurydzianą, aż skrobia kukurydziana całkowicie się rozpuści. Wlej mieszankę skrobi kukurydzianej do sosu cały czas mieszając i gotuj przez 3 do 4 minut, aż sos stanie się wystarczająco gęsty, aby pokrył tył łyżki. Przykryj i odłóż na bok.

c) Podgrzej wok na średnim ogniu, aż kropla wody skwierczy i wyparuje w kontakcie. Wlej olej roślinny i zamieszaj, aby pokryć spód woka. Dodaj masę jajeczną i gotuj, mieszając i potrząsając woka, aż spód się zarumieni. Wysuń omlet z patelni na talerz i odwróć na wok lub odwróć łopatką, aby upiec drugą stronę na złoty kolor. Wysuń omlet na półmisek i podawaj na ugotowanym ryżu z łyżką sosu.

39.   Pomidorowe Jajko Smażone

Składniki:

- 4 duże jajka w temperaturze pokojowej
- 1 łyżeczka wina ryżowego Shaoxing
- ½ łyżeczki oleju sezamowego
- ½ łyżeczki soli koszernej
- Świeżo zmielony czarny pieprz
- 3 łyżki oleju roślinnego, podzielone
- 2 obrane plasterki świeżego imbiru, każdy wielkości ćwiartki
- 1-funtowe pomidorki winogronowe lub koktajlowe
- 1 łyżeczka cukru
- Ugotowany ryż lub makaron do serwowania

Wskazówki:

a) W dużej misce ubij jajka. Dodaj wino ryżowe, olej sezamowy, sól i szczyptę pieprzu i kontynuuj ubijanie, aż się połączą.

b) Podgrzej wok na średnim ogniu, aż kropla wody skwierczy i wyparuje w kontakcie. Wlej 2 łyżki oleju roślinnego i wymieszaj, aby pokryć spód woka. Zamieszaj jajka w gorącym woku. Zakręć i wstrząśnij jajkami, aby ugotować. Ugotowane, ale nie wysuszone jajka przełóż na talerz. Namiot z folią do utrzymywania ciepła.

c) Dodaj pozostałą 1 łyżkę oleju roślinnego do woka. Dopraw olej dodając imbir i szczyptę soli. Pozwól imbirowi skwierczeć w oleju przez około 30 sekund, delikatnie mieszając.

d) Wrzuć pomidory i cukier, mieszając, aby pokryć olejem. Przykryj i gotuj przez około 5 minut, mieszając od czasu do czasu, aż pomidory zmiękną i uwolnią sok. Odrzuć plasterki imbiru i dopraw pomidory solą i pieprzem.

e) Nałóż pomidory na jajka i podawaj na ugotowanym ryżu lub makaronie.

40. Krewetki i Jajecznica

Składniki:

- 2 łyżki soli koszernej plus więcej do przyprawiania
- 2 łyżki cukru
- 2 szklanki zimnej wody
- 6 uncji średniej wielkości krewetek (U41-50), obrane i pozbawione żyłki
- 4 duże jajka w temperaturze pokojowej
- $\frac{1}{2}$ łyżeczki oleju sezamowego
- Świeżo zmielony czarny pieprz
- 2 łyżki oleju roślinnego, podzielone
- 2 obrane plasterki świeżego imbiru, każdy wielkości ćwiartki
- 2 ząbki czosnku, pokrojone w cienkie plasterki
- 1 pęczek szczypiorku, pokrojony na $\frac{1}{2}$-calowe kawałki

Wskazówki:

a) W dużej misce wymieszaj sól i cukier z wodą, aż się rozpuszczą. Dodaj krewetki do solanki. Przykryj i wstaw do lodówki na 10 minut.

b) Odcedź krewetki na durszlaku i spłucz. Wylej solankę. Rozłóż krewetki na blasze wyłożonej ręcznikiem papierowym i osusz.

c) W innej dużej misce wymieszaj jajka z olejem sezamowym i szczyptą soli i pieprzu, aż się połączą. Odłożyć na bok.

d) Podgrzej wok na średnim ogniu, aż kropla wody skwierczy i wyparuje w kontakcie. Wlej 1 łyżkę oleju roślinnego i zamieszaj, aby pokryć podstawę woka. Dopraw olej dodając imbir i szczyptę soli. Pozwól imbirowi skwierczeć w oleju przez około 30 sekund, delikatnie mieszając.

e) Dodaj czosnek i krótko smaż przez około 10 sekund, aby posmażyć olej. Nie pozwól, aby czosnek się zrumienił lub przypalił. Dodaj krewetki i smaż przez około 2 minuty, aż staną się różowe. Przełóż na talerz i wyrzuć imbir.

f) Umieść wok na ogniu i dodaj pozostałą 1 łyżkę oleju roślinnego. Gdy olej jest gorący, zamieszaj jajka w woku. Zakręć i wstrząśnij jajkami, aby ugotować. Dodaj szczypiorek na patelnię i kontynuuj gotowanie, aż jajka będą ugotowane, ale nie wysuszone. Włóż krewetki na patelnię i wrzuć do połączenia. Przełóż na talerz do serwowania.

41.   Pikantny krem jajeczny na parze

Składniki:

- 4 duże jajka w temperaturze pokojowej
- $1\frac{3}{4}$ szklanki bulionu z kurczaka o niskiej zawartości sodu lub przefiltrowanej wody
- 2 łyżeczki wina ryżowego Shaoxing
- $\frac{1}{2}$ łyżeczki soli koszernej
- 2 szalotki, tylko zielona część, pokrojone w cienkie plasterki
- 4 łyżeczki oleju sezamowego

Wskazówki:

a) W dużej misce ubij jajka. Dodaj bulion i wino ryżowe i ubij do połączenia. Przecedź mieszaninę jaj przez sito o drobnych oczkach ustawione nad miarką do cieczy, aby usunąć pęcherzyki powietrza. Wlej mieszankę jajeczną do 4 (6 uncji) kokilek. Za pomocą noża do obierania rozbij wszystkie bąbelki na powierzchni mieszanki jajecznej. Kokilki przykryj folią aluminiową.

b) Wypłucz bambusowy koszyk do gotowania na parze wraz z pokrywką pod zimną wodą i umieść go w woku. Wlej 2 cale wody lub do momentu, gdy znajdzie się ponad dolną krawędzią parowaru o $\frac{1}{4}$ do $\frac{1}{2}$ cala, ale nie na tyle, aby dotykała dna kosza. Kokilki włożyć do koszyka do gotowania na parze. Przykryj pokrywką.

c) Doprowadź wodę do wrzenia, a następnie zmniejsz ogień na małym ogniu. Gotuj na małym ogniu przez około 10 minut lub do momentu, gdy jajka będą gotowe.

d) Ostrożnie wyjmij kokilki z naczynia do gotowania na parze i udekoruj każdy budyń kilkoma szalotkami i kilkoma kroplami oleju sezamowego. Natychmiast podawaj.

42.   Chińskie skrzydełka z kurczaka smażone na wynos

Składniki:

- 10 całych skrzydełek z kurczaka, umytych i osuszonych
- 1/8 łyżeczki czarnego pieprzu
- 1/4 łyżeczki białego pieprzu
- $\frac{1}{4}$ łyżeczki proszku czosnkowego
- 1 łyżeczka soli
- $\frac{1}{2}$ łyżeczki cukru
- 1 łyżka sosu sojowego
- 1 łyżka wina Shaoxing
- 1 łyżeczka oleju sezamowego
- 1 jajko
- 1 łyżka mąki kukurydzianej
- 2 łyżki mąki
- olej do smażenia

Wskazówki:

a) Połącz wszystkie składniki (oczywiście z wyjątkiem oleju do smażenia) w dużej misce. Wymieszaj wszystko, aż skrzydełka będą dobrze pokryte.
b) Aby uzyskać najlepsze rezultaty, odstaw skrzydełka do marynowania przez 2 godziny w temperaturze pokojowej lub w lodówce na noc.
c) Po marynowaniu, jeśli wygląda na to, że w skrzydełkach jest płyn, należy je ponownie dokładnie wymieszać. Skrzydła powinny być dobrze pokryte cienką powłoką przypominającą ciasto. Jeśli nadal wygląda na zbyt wodniste, dodaj trochę więcej skrobi kukurydzianej i mąki.
d) Napełnij średni garnek około 2/3 wysokości olejem i podgrzej go do 325 stopni F.
e) Skrzydełka smażymy w małych partiach przez 5 minut i wyjmujemy na blachę wyłożoną papierowymi ręcznikami. Po usmażeniu wszystkich skrzydełek włóż je partiami do oleju i smaż ponownie przez 3 minuty.
f) Odsącz na ręcznikach papierowych lub stojaku chłodzącym i podawaj z ostrym sosem!

43. Kurczak z bazylią po tajsku

SŁUŻBY 4

Składniki:

- 3 do 4 łyżek oleju
- 3 tajskie chili ptasie lub holenderskie
- 3 szalotki, pokrojone w cienkie plasterki
- 5 ząbków czosnku, pokrojonych w plastry
- 1-funtowy mielony kurczak
- 2 łyżeczki cukru lub miodu
- 2 łyżki sosu sojowego
- 1 łyżka sosu rybnego
- ⅓ szklanka bulionu z kurczaka o niskiej zawartości sodu lub wody
- 1 pęczek bazylii lub liści bazylii tajskiej

Wskazówki:

a) W woku na dużym ogniu dodać oliwę, chilli, szalotki i czosnek i smażyć 1-2 minuty.
b) Dodaj zmielonego kurczaka i smaż przez 2 minuty, rozbijając kurczaka na małe kawałki.
c) Dodaj cukier, sos sojowy i sos rybny. Smażyć jeszcze minutę i zlać glazurę bulionem. Ponieważ patelnia jest na dużym ogniu, płyn powinien się bardzo szybko ugotować.
d) Dodaj bazylię i smaż, aż zmięknie.
e) Podawać z ryżem.

WOŁOWINA, WIEPRZOWINA I JAGNIĘCA

44. Duszony boczek wieprzowy

Składniki:

- 3/4 funta chudego boczku ze skórą
- 2 łyżki oleju
- 1 łyżka cukru (najlepiej jeśli go masz)
- 3 łyżki wina Shaoxing
- 1 łyżka zwykłego sosu sojowego
- ½ łyżki ciemnego sosu sojowego
- 2 szklanki wody

Wskazówki:

a) Zacznij od pokrojenia boczku na kawałki o grubości 3/4 cala.
b) Zagotuj w garnku wodę. Blanszować kawałki boczku przez kilka minut. To usuwa zanieczyszczenia i rozpoczyna proces gotowania. Wyjmij wieprzowinę z garnka, opłucz i odstaw na bok.
c) Na małym ogniu dodaj olej i cukier do woka. Delikatnie rozpuść cukier i dodaj wieprzowinę. Podnieś ogień do średniego i gotuj, aż wieprzowina lekko się zarumieni.
d) Zmniejsz temperaturę z powrotem do niskiego poziomu i dodaj wino do gotowania Shaoxing, zwykły sos sojowy, ciemny sos sojowy i wodę.
e) Przykryj i gotuj na wolnym ogniu przez około 45 minut do 1 godziny, aż wieprzowina będzie miękka. Co 5-10 minut mieszaj, aby zapobiec przypaleniu i dodaj więcej wody, jeśli stanie się zbyt suche.
f) Gdy wieprzowina zmięknie, jeśli nadal widać dużo płynu, odsłonić wok, zwiększyć ogień i ciągle mieszać, aż sos zredukuje się do lśniącej warstwy.

45.   Pomidor i wołowina na patelnię

Składniki:

- ¾ funtowy stek z boku lub ze spódnicy, pokrojony w plastry o grubości ¼ cala
- 1½ łyżki mąki kukurydzianej, podzielonej
- 1 łyżka wina ryżowego Shaoxing
- Sól koszerna
- Pieprz biały mielony
- 1 łyżka pasty pomidorowej
- 2 łyżki jasnego sosu sojowego
- 1 łyżeczka oleju sezamowego
- 1 łyżeczka cukru
- 2 łyżki wody
- 2 łyżki oleju roślinnego
- 4 obrane plasterki świeżego imbiru, każdy wielkości ćwiartki
- 1 duża szalotka, pokrojona w cienkie plasterki
- 2 ząbki czosnku, drobno posiekane
- 5 dużych pomidorów, każdy pokrojony na 6 łódek
- 2 szalotki, oddzielone białe i zielone części, pokrojone w cienkie plasterki

Wskazówki:

a) W małej misce wymieszaj wołowinę z 1 łyżką mąki kukurydzianej, winem ryżowym i szczyptą soli i białego pieprzu. Odstawić na 10 minut.

b) W innej małej misce wymieszaj pozostałe ½ łyżki mąki kukurydzianej, koncentrat pomidorowy, jasną soję, olej sezamowy, cukier i wodę. Odłożyć na bok.

c) Podgrzej wok na średnim ogniu, aż kropla wody skwierczy i wyparuje w kontakcie. Wlej olej roślinny i zamieszaj, aby pokryć spód woka. Dopraw olej dodając imbir i szczyptę soli. Pozwól imbirowi skwierczeć w oleju przez około 30 sekund, delikatnie mieszając.

d) Przełóż wołowinę do woka i smaż przez 3 do 4 minut, aż przestanie się różowa. Dodaj szalotkę i czosnek i smaż przez 1 minutę. Dodaj pomidory i białą szalotkę i dalej smaż.

e) Dodaj sos i smaż dalej przez 1 do 2 minut lub do momentu, gdy wołowina i pomidory zostaną pokryte, a sos lekko zgęstnieje.

f) Wyrzuć imbir, przełóż na półmisek i udekoruj zieleniną szalotki. Podawać na gorąco.

46.   Wołowina i Brokuły

Składniki:

- ¾ funta stek ze spódnicy, pokroić w poprzek ziarna na plasterki o grubości ¼ cala
- 1 łyżka sody oczyszczonej
- 1 łyżka mąki kukurydzianej
- 4 łyżki wody, podzielone
- 2 łyżki sosu ostrygowego
- 2 łyżki wina ryżowego Shaoxing
- 2 łyżeczki jasnobrązowego cukru
- 1 łyżka sosu hoisin
- 2 łyżki oleju roślinnego
- 4 obrane świeże plastry imbiru, wielkości około ćwiartki
- Sól koszerna
- 1-funtowe brokuły, pokrojone na różyczki wielkości kęsa
- 2 ząbki czosnku, drobno posiekane

Wskazówki:

a) W małej misce wymieszaj wołowinę i sodę oczyszczoną do pokrycia. Odstawić na 10 minut. Bardzo dobrze opłucz wołowinę, a następnie osusz ją papierowymi ręcznikami.

b) W innej małej misce wymieszaj skrobię kukurydzianą z 2 łyżkami wody i wymieszaj sos ostrygowy, wino ryżowe, brązowy cukier i sos hoisin. Odłożyć na bok.

c) Podgrzej wok na średnim ogniu, aż kropla wody skwierczy i wyparuje w kontakcie. Wlej olej i zamieszaj, aby pokryć spód woka. Dopraw olej dodając imbir i szczyptę soli. Pozwól imbirowi skwierczeć w oleju przez około 30 sekund, delikatnie mieszając. Dodaj wołowinę do woka i smaż przez 3 do 4 minut, aż przestanie się zaróżowić. Wołowinę przełożyć do miski i odstawić.

d) Dodaj brokuły i czosnek i smaż przez 1 minutę, a następnie dodaj pozostałe 2 łyżki wody. Przykryj wok i gotuj brokuły przez 6-8 minut, aż będą chrupiące.

e) Włóż wołowinę z powrotem do woka i mieszaj sos przez 2 do 3 minut, aż zostanie całkowicie pokryty, a sos lekko zgęstnieje. Wyrzuć imbir, przełóż na półmisek i podawaj na gorąco.

47. Wołowina z czarnym pieprzem na patelnię

Składniki:

- 1 łyżka sosu ostrygowego
- 1 łyżka wina ryżowego Shaoxing
- 2 łyżeczki mąki kukurydzianej
- 2 łyżeczki jasnego sosu sojowego
- Pieprz biały mielony
- ¼ łyżeczki cukru
- ¾ końcówki polędwicy wołowej lub polędwicy wołowej, pokrojone na 1-calowe kawałki
- 3 łyżki oleju roślinnego
- 3 obrane plasterki świeżego imbiru, każdy wielkości ćwiartki
- Sól koszerna
- 1 zielona papryka, pokrojona w paski o szerokości ½ cala
- 1 mała czerwona cebula pokrojona w cienkie plasterki
- 1 łyżeczka świeżo zmielonego czarnego pieprzu lub więcej do smaku
- 2 łyżeczki oleju sezamowego

Wskazówki:

a) W misce wymieszaj sos ostrygowy, wino ryżowe, mąkę kukurydzianą, jasną soję, szczyptę białego pieprzu i cukier. Włóż wołowinę do oblewania i marynuj przez 10 minut.

b) Podgrzej wok na średnim ogniu, aż kropla wody skwierczy i wyparuje w kontakcie. Wlej olej roślinny i zamieszaj, aby pokryć spód woka. Dodaj imbir i szczyptę soli. Pozwól imbirowi skwierczeć w oleju przez około 30 sekund, delikatnie mieszając.

c) Szczypcami przełóż wołowinę do woka i wyrzuć pozostałą marynatę. Smaż na woku przez 1 do 2 minut lub do momentu pojawienia się brązowej przypieczonej skórki. Odwróć wołowinę i obsmaż po drugiej stronie, jeszcze 2 minuty. Smażyć, podrzucać i przewracać w woku przez kolejne 1 do 2 minut, a następnie przełożyć wołowinę do czystej miski.

d) Dodaj paprykę i cebulę i smaż przez 2-3 minuty, aż warzywa będą lśniące i miękkie. Włóż wołowinę do woka, dodaj czarny pieprz i smaż razem jeszcze przez 1 minutę.

e) Wyrzuć imbir, przełóż na półmisek i skrop olejem sezamowym. Podawać na gorąco.

48. Wołowina Sezamowa

Składniki:

- 1 łyżka jasnego sosu sojowego
- 2 łyżki oleju sezamowego, podzielone
- 2 łyżeczki mąki kukurydzianej, podzielone
- 1-funtowy wieszak, spódnica lub płaski stek, pokrojony w paski o grubości ¼ cala
- ½ szklanki świeżo wyciśniętego soku pomarańczowego
- ½ łyżeczki octu ryżowego
- 1 łyżeczka sriracha (opcjonalnie)
- 1 łyżeczka jasnobrązowego cukru
- Sól koszerna
- Świeżo zmielony czarny pieprz
- 3 łyżki oleju roślinnego, podzielone
- 4 obrane plasterki świeżego imbiru, każdy wielkości ćwiartki
- 1 mała żółta cebula, pokrojona w cienkie plasterki
- 3 ząbki czosnku, posiekane
- ½ łyżki białego sezamu do przybrania

Wskazówki:

a) W dużej misce wymieszaj jasną soję, 1 łyżkę oleju sezamowego i 1 łyżeczkę skrobi kukurydzianej, aż skrobia się rozpuści. Dodaj wołowinę i obtocz w marynacie. Odstawić do marynowania na 10 minut podczas przygotowywania sosu.

b) W szklanej miarce wymieszaj sok pomarańczowy, pozostałą 1 łyżkę oleju sezamowego, ocet ryżowy, sriracha (jeśli używasz), brązowy cukier, pozostałą 1 łyżeczkę skrobi kukurydzianej i szczyptę soli i pieprzu. Mieszaj, aż skrobia kukurydziana się rozpuści i odstaw na bok.

c) Podgrzej wok na średnim ogniu, aż kropla wody skwierczy i wyparuje w kontakcie. Wlej 2 łyżki oleju roślinnego i wymieszaj, aby pokryć spód woka. Dopraw olej dodając imbir i szczyptę soli. Pozwól imbirowi skwierczeć w oleju przez około 30 sekund, delikatnie mieszając.

d) Szczypcami przełóż wołowinę do woka i wyrzuć marynatę. Niech kawałki smażą się w woku przez 2 do 3 minut. Odwróć, aby obsmażyć po drugiej stronie przez kolejne 1 do 2 minut. Smażyć szybko, przewracając i obracając w woku jeszcze przez 1 minutę. Przełóż do czystej miski.

e) Dodaj pozostałą 1 łyżkę oleju roślinnego i wrzuć cebulę. Szybko smaż, podrzucając i przewracając cebulę łopatką do woka przez 2 do 3 minut, aż cebula będzie przezroczysta, ale nadal będzie miała jędrną konsystencję. Dodaj czosnek i smaż przez kolejne 30 sekund.

f) Zamieszać w sosie i gotować, aż sos zacznie gęstnieć. Włóż wołowinę do woka, podrzucając i przewracając tak, aby wołowina i cebula były pokryte sosem. Dopraw do smaku solą i pieprzem.

g) Przełóż na półmisek, wyrzuć imbir, posyp sezamem i podawaj na gorąco.

49. Wołowina mongolska

Składniki:

- 2 łyżki wina ryżowego Shaoxing
- 1 łyżka ciemnego sosu sojowego
- 1 łyżka mąki kukurydzianej, podzielona
- funtowy stek z boku, pokrojony w plastry o grubości $\frac{1}{4}$ cala
- $\frac{1}{4}$ szklanki niskosodowego bulionu z kurczaka
- 1 łyżka jasnobrązowego cukru
- 1 szklanka oleju roślinnego
- 4 lub 5 całych suszonych czerwonych chili chili
- 4 ząbki czosnku, grubo posiekane
- 1 łyżeczka obrana drobno zmielonego świeżego imbiru
- $\frac{1}{2}$ żółtej cebuli, pokrojonej w cienkie plasterki
- 2 łyżki grubo posiekanej świeżej kolendry

Wskazówki:

a) W misce wymieszaj wino ryżowe, ciemną soję i 1 łyżkę mąki kukurydzianej. Dodaj pokrojony stek z boku i wymieszaj. Odstawić i marynować przez 10 minut.

b) Wlej olej do woka i podnieś go do 375°F na średnim ogniu. Możesz stwierdzić, że olej ma odpowiednią temperaturę, zanurzając w nim koniec drewnianej łyżki. Jeśli olej wokół niego bulgocze i skwierczy, olej jest gotowy.

c) Wyjmij wołowinę z marynaty, zachowując marynatę. Dodaj wołowinę do oleju i smaż przez 2-3 minuty, aż nabierze złotej skórki. Za pomocą skimmera do woka przełóż wołowinę do czystej miski i odstaw na bok. Dodaj bulion z kurczaka i brązowy cukier do miski z marynatą i mieszaj, aby połączyć.

d) Wylej wszystko oprócz 1 łyżki oleju z woka i postaw na średnim ogniu. Dodaj papryczki chili, czosnek i imbir. Pozwól aromatom skwierczeć w oleju przez około 10 sekund, delikatnie mieszając.

e) Dodaj cebulę i smaż przez 1 do 2 minut, aż cebula będzie miękka i przezroczysta. Dodaj mieszankę bulionu z kurczaka i wymieszaj, aby połączyć. Dusić przez około 2 minuty, następnie dodać wołowinę i wymieszać wszystko razem przez kolejne 30 sekund.

f) Przełóż na półmisek, udekoruj kolendrą i podawaj na gorąco.

50.   Wołowina Syczuańska z Selerem I Marchewką

Składniki:

- 2 łyżki wina ryżowego Shaoxing
- 1 łyżka ciemnego sosu sojowego
- 2 łyżeczki oleju sezamowego
- $\frac{3}{4}$ ubić stek z boku lub ze spódnicy, pokrojony w kierunku włókien
- 1 łyżka sosu hoisin
- 2 łyżeczki jasnego sosu sojowego
- 2 łyżki mąki kukurydzianej, podzielone
- $\frac{1}{4}$ łyżeczki chińskich pięciu przypraw w proszku
- 1 łyżeczka pokruszonych ziaren pieprzu syczuańskiego
- 4 obrane świeże plasterki imbiru
- 3 ząbki czosnku, lekko zmiażdżone
- 2 łodygi selera, pocięte na paski o średnicy 3 cali
- 1 duża marchewka, obrana i pokryta julienem w 3-calowe paski
- 2 szalotki, pokrojone w cienkie plasterki

Wskazówki:

a) W misce wymieszaj wino ryżowe, ciemną soję i olej sezamowy.

b) Dodaj wołowinę i wymieszaj, aby połączyć. Odstawić na 10 minut.

c) W małej misce wymieszaj sos hoisin, jasną soję, wodę, 1 łyżkę mąki kukurydzianej i pięć przypraw w proszku. Odłożyć na bok.

d) Podgrzej wok na średnim ogniu, aż kropla wody skwierczy i wyparuje w kontakcie. Wlej olej roślinny i zamieszaj, aby pokryć spód woka. Dopraw olej dodając pieprz, imbir i czosnek. Pozwól aromatom skwierczeć w oleju przez około 10 sekund, delikatnie mieszając.

e) Wrzucić wołowinę do pozostałej 1 łyżki skrobi kukurydzianej do pokrycia i dodać do woka. Smaż wołowinę z boku woka przez 1 do 2 minut lub do momentu, gdy pojawi się złocisto-brązowa przypieczona skórka. Odwróć i smaż po drugiej stronie przez kolejną minutę. Rzuć i odwróć jeszcze przez około 2 minuty, aż wołowina nie będzie już różowa.

f) Przełóż wołowinę na boki woka i dodaj seler i marchewkę do środka. Smażyć, podrzucać i przewracać, aż warzywa będą miękkie, kolejne 2 do 3 minut. Wymieszaj mieszankę sosu hoisin i wlej do woka. Kontynuuj smażenie, polewając wołowinę i warzywa sosem przez 1 do 2 minut, aż sos zacznie gęstnieć i nabierze połysku. Usuń imbir i czosnek i wyrzuć.

51.   Filiżanki do sałaty wołowej Hoisin

Składniki:

- ¾ funt mielonej wołowiny
- 2 łyżeczki mąki kukurydzianej
- Sól koszerna
- Świeżo zmielony czarny pieprz
- 3 łyżki oleju roślinnego, podzielone
- 1 łyżka obranego drobno zmielonego imbiru
- 2 ząbki czosnku, drobno posiekane
- 1 marchewka, obrana i julienned
- 1 (4 uncje) puszki pokrojonych w kostkę kasztanów wodnych, odsączonych i wypłukanych
- 2 łyżki sosu hoisin
- 3 szalotki, oddzielone białe i zielone części, pokrojone w cienkie plasterki
- 8 szerokich liści sałaty lodowej (lub Bibb), przyciętych do zgrabnych okrągłych kubków

Wskazówki:

a) W misce posyp wołowinę skrobią kukurydzianą i szczyptą soli i pieprzu. Dobrze wymieszaj, aby połączyć.

b) Podgrzej wok na średnim ogniu, aż kropla wody zacznie skwierczeć i wyparuje w kontakcie. Wlej 2 łyżki oleju i wymieszaj, aby pokryć spód woka. Dodaj wołowinę i przyrumień z obu stron, następnie wymieszaj i odwróć, rozbijając wołowinę na kruszonki i grudki przez 3 do 4 minut, aż wołowina nie będzie już różowa. Przełóż wołowinę do czystej miski i odstaw na bok.

c) Wytrzyj wok do czysta i ustaw go na średnim ogniu. Dodaj pozostałą 1 łyżkę oleju i szybko podsmaż imbir i czosnek ze szczyptą soli. Jak tylko czosnek zacznie pachnieć, wrzucaj marchewkę i kasztany wodne na 2-3 minuty, aż marchewka stanie się miękka. Zmniejsz ogień do średniego, włóż wołowinę do woka i wymieszaj z sosem hoisin i białkiem szalotki. Wrzucić do połączenia, około 45 sekund.

d) Rozłóż liście sałaty, po 2 na talerz, i równomiernie podziel mieszankę wołowiny między liście sałaty. Udekoruj zieloną cebulką i jedz jak miękkie taco.

52. Kotlety Schabowe Smażone Z Cebulą

Składniki:

- 4 kotlety schabowe bez kości
- 1 łyżka wina Shaoxing
- ½ łyżeczki świeżo zmielonego czarnego pieprzu
- Sól koszerna
- 3 szklanki oleju roślinnego
- 2 łyżki mąki kukurydzianej
- 3 obrane plasterki świeżego imbiru, każdy wielkości ćwiartki
- 1 średnia żółta cebula, pokrojona w cienkie plasterki
- 2 ząbki czosnku, drobno posiekane
- 2 łyżki jasnego sosu sojowego
- 1 łyżeczka ciemnego sosu sojowego
- ½ łyżeczki octu z czerwonego wina
- Cukier

Wskazówki:

a) Ubijaj kotlety wieprzowe tłuczkiem do mięsa, aż osiągną $\frac{1}{2}$ cala grubości. Włożyć do miski i doprawić winem ryżowym, pieprzem i niewielką szczyptą soli. Marynować przez 10 minut.

b) Wlej olej do woka; olej powinien mieć głębokość około 1 do $1\frac{1}{2}$ cala. Doprowadź olej do 375°F na średnim ogniu. Możesz stwierdzić, że olej ma odpowiednią temperaturę, zanurzając w nim koniec drewnianej łyżki. Jeśli olej wokół niego bulgocze i skwierczy, olej jest gotowy.

c) Pracując w 2 partiach, posmaruj kotlety mąką kukurydzianą. Delikatnie zanurzaj je pojedynczo w oleju i smaż przez 5 do 6 minut, aż się zarumienią. Przełóż na talerz wyłożony ręcznikiem papierowym.

d) Wylej wszystko oprócz 1 łyżki oleju z woka i postaw na średnim ogniu. Dopraw olej dodając imbir i szczyptę soli. Pozwól imbirowi skwierczeć w oleju przez około 30 sekund, delikatnie mieszając.

e) Cebulę smażymy przez około 4 minuty, aż będzie przezroczysta i miękka. Dodaj czosnek i smaż przez kolejne 30 sekund, aż zacznie pachnieć. Przełóż na talerz z kotletami wieprzowymi.

f) Do woka wlej jasną soję, ciemną soję, ocet z czerwonego wina i szczyptę cukru i wymieszaj, aby połączyć. Doprowadź do wrzenia i włóż cebulę i kotlety wieprzowe do woka.

Wymieszać, gdy sos zacznie lekko gęstnieć. Usuń imbir i wyrzuć. Przełóż na półmisek i od razu podawaj.

53. Wieprzowina Pięć Przypraw z Bok Choy

Składniki:

- 1 łyżka jasnego sosu sojowego
- 1 łyżka wina ryżowego Shaoxing
- 1 łyżeczka chińskich pięciu przypraw w proszku
- 1 łyżeczka mąki kukurydzianej
- ½ łyżeczki jasnobrązowego cukru
- ¾ funt mielonej wieprzowiny
- 2 łyżki oleju roślinnego
- 2 ząbki czosnku, obrane i lekko rozgniecione
- Sól koszerna
- 2 do 3 główek bok choy, pokrojonych w poprzek na kawałki wielkości kęsa
- 1 marchewka, obrana i julienned
- Ugotowany ryż do podania

Wskazówki:

a) W misce wymieszaj jasną soję, wino ryżowe, pięć przypraw w proszku, skrobię kukurydzianą i brązowy cukier. Dodaj wieprzowinę i delikatnie wymieszaj, aby połączyć. Odstawić do marynowania na 10 minut.

b) Podgrzej wok na średnim ogniu, aż kropla wody skwierczy i wyparuje w kontakcie. Wlej olej i zamieszaj, aby pokryć spód woka. Dopraw olej dodając czosnek i szczyptę soli. Pozwól czosnkowi skwierczeć w oleju przez około 10 sekund, delikatnie mieszając.

c) Dodaj wieprzowinę do woka i pozostaw ją do przypiekania na ścianach woka przez 1 do 2 minut lub do czasu, gdy pojawi się złota skórka. Odwróć i smaż po drugiej stronie jeszcze przez minutę. Rzuć i odwróć, aby smażyć wieprzowinę jeszcze przez 1 do 2 minut, dzieląc ją na kruszonki i grudki, aż przestanie się różowe.

d) Dodaj kapustę bok choy i marchewkę, wymieszaj i przerzuć, aby połączyć z wieprzowiną. Smaż przez 2-3 minuty, aż marchewka i kapusta bok choy będą miękkie. Przełóż na półmisek i podawaj na gorąco z ryżem gotowanym na parze.

54. Hoisin Wieprzowina Patelnia

Składniki:

- 2 łyżeczki wina ryżowego Shaoxing
- 2 łyżeczki jasnego sosu sojowego
- ½ łyżeczki pasty chili
- ¾ funtowa polędwica wieprzowa bez kości, pokrojona w cienkie plastry julienne
- 2 łyżki oleju roślinnego
- 4 obrane plasterki świeżego imbiru, każdy wielkości ćwiartki
- Sól koszerna
- 4 uncje groszku śnieżnego, pokrojonego w cienkie plasterki po przekątnej
- 2 łyżki sosu hoisin
- 1 łyżka wody

Wskazówki:

a) W misce wymieszaj wino ryżowe, jasną soję i pastę chili. Dodaj wieprzowinę i wrzuć do płaszcza. Odstawić do marynowania na 10 minut.

b) Podgrzej wok na średnim ogniu, aż kropla wody skwierczy i wyparuje w kontakcie. Wlej olej i zamieszaj, aby pokryć spód woka. Dopraw olej dodając imbir i szczyptę soli. Pozwól imbirowi skwierczeć w oleju przez około 30 sekund, delikatnie mieszając.

c) Dodaj wieprzowinę i marynatę i smaż przez 2-3 minuty, aż przestanie się zaróżowiać. Dodaj groszek śnieżny i smaż przez około 1 minutę, aż będzie miękki i przezroczysty. Wymieszaj sos hoisin i wodę, aby sos się rozluźnił. Kontynuuj podrzucanie i przewracanie przez 30 sekund lub do momentu, gdy sos zostanie podgrzany, a wieprzowina i groszek śnieżny zostaną pokryte.

d) Przełóż na półmisek i podawaj na gorąco.

55. Podwójnie ugotowany brzuch wieprzowy

Składniki:

- 1-funtowy boczek wieprzowy bez kości
- ⅓ filiżanka sosu z czarnej fasoli lub kupionego w sklepie sosu z czarnej fasoli
- 1 łyżka wina ryżowego Shaoxing
- 1 łyżeczka ciemnego sosu sojowego
- ½ łyżeczki cukru
- 2 łyżki oleju roślinnego, podzielone
- 4 obrane świeże plasterki imbiru
- Sól koszerna
- 1 por, przekrojony wzdłuż na pół i przecięty po przekątnej
- ½ czerwonej papryki, pokrojonej

Wskazówki:

a) W dużym rondlu włóż wieprzowinę i zalej wodą. Doprowadź patelnię do wrzenia, a następnie zredukuj do wrzenia. Dusić bez przykrycia przez 30 minut lub do momentu, gdy wieprzowina będzie miękka i ugotowana. Łyżką cedzakową przełożyć wieprzowinę do miski (wylać płyn z gotowania) i ostudzić.

b) Wstaw do lodówki na kilka godzin lub na noc. Gdy wieprzowina ostygnie, pokrój w cienkie plasterki o grubości $\frac{1}{4}$ cala i odstaw na bok. Poczekanie, aż wieprzowina całkowicie ostygnie przed pokrojeniem w plastry, ułatwi cienko pokrojenie.

c) W szklanej miarce wymieszaj sos z czarnej fasoli, wino ryżowe, ciemną soję i cukier i odstaw na bok.

d) Podgrzej wok na średnim ogniu, aż kropla wody skwierczy i wyparuje w kontakcie. Wlej 1 łyżkę oleju i wymieszaj, aby pokryć spód woka. Dopraw olej dodając imbir i szczyptę soli. Pozwól imbirowi skwierczeć w oleju przez około 30 sekund, delikatnie mieszając.

e) Pracując partiami, przełóż połowę mięsa wieprzowego do woka. Niech kawałki smażą się w woku przez 2 do 3 minut. Odwróć, aby obsmażyć z drugiej strony jeszcze przez 1 do 2 minut, aż wieprzowina zacznie się zwijać. Przełóż do czystej miski. Powtórz z pozostałą wieprzowiną.

f) Dodaj pozostałą 1 łyżkę oleju. Dodaj por i czerwoną paprykę i smaż przez 1 minutę, aż por będzie miękki. Zamieszaj w sosie i smaż mieszając, aż zacznie pachnieć. Włóż wieprzowinę z powrotem na patelnię i smaż dalej przez 2-3 minuty, aż wszystko będzie gotowe. Odrzuć plasterki imbiru i przełóż na półmisek.

56. Wieprzowina Mu Shu z Patelniami Naleśnikami

Składniki:

Na naleśniki

- 1¾ kubki mąki uniwersalnej
- ¾ szklanka wrzącej wody
- Sól koszerna
- 3 łyżki oleju sezamowego

Do wieprzowiny mu shu

- 2 łyżki jasnego sosu sojowego
- 1 łyżeczka mąki kukurydzianej
- 1 łyżeczka wina ryżowego Shaoxing
- Pieprz biały mielony
- ¾ funtowa polędwica wieprzowa bez kości, pokrojona w plastry
- 3 łyżki oleju roślinnego
- 2 łyżeczki obrane drobno zmielonego świeżego imbiru
- 1 duża marchewka, obrana i pokrojona w cienkie plasterki do długości 3 cali
- 6 do 8 świeżych grzybów drzewnych, pokrojonych w paski Julienne

- ½ małej główki zielonej kapusty, posiekanej
- 2 szalotki, pokrojone na kawałki o długości ½ cala
- 1 (4 uncje) puszki pokrojonej w plasterki pędów bambusa, odsączonej i odsączonej
- ¼ szklanki sosu śliwkowego do podania

Wskazówki:

Aby zrobić naleśniki

a) W dużej misce drewnianą łyżką wymieszaj mąkę, wrzącą wodę i szczyptę soli. Połącz to wszystko, aż stanie się kudłatym ciastem. Przełóż ciasto na posypaną mąką deskę do krojenia i wyrabiaj ręcznie przez około 4 minuty, aż będzie gładkie. Ciasto będzie gorące, więc noś jednorazowe rękawiczki, aby chronić ręce. Włóż ciasto do miski i przykryj folią. Odstaw na 30 minut.

b) Uformuj ciasto w 12-calową kłodę, rozwałkowując ją rękami. Pokrój kłodę na 12 równych kawałków, zachowując okrągły kształt, aby utworzyć medaliony. Spłaszcz medaliony dłońmi i posmaruj ich wierzchołki olejem sezamowym. Ściśnij naoliwione boki razem, aby utworzyć 6 stosów podwójnych kawałków ciasta.

c) Zwiń każdy stos w jeden cienki, okrągły arkusz o średnicy od 7 do 8 cali. Najlepiej odwracać naleśnik podczas przewracania, aby uzyskać równomierną grubość po obu stronach.

d) Rozgrzej żeliwną patelnię na średnim ogniu i smaż naleśniki pojedynczo przez około 1 minutę z pierwszej strony, aż stanie się lekko przezroczysty i zacznie tworzyć pęcherze. Odwróć, aby ugotować drugą stronę, kolejne 30 sekund. Przełóż naleśniki na talerz wyłożony ręcznikiem kuchennym i ostrożnie rozsuń oba naleśniki.

Aby zrobić mu shu wieprzowinę

e) W misce wymieszaj jasną soję, skrobię kukurydzianą, wino ryżowe i szczyptę białego pieprzu. Dodać pokrojoną w plastry wieprzowinę i wrzucić do panierki, marynować przez 10 minut.

f) Podgrzej wok na średnim ogniu, aż kropla wody skwierczy i wyparuje w kontakcie. Wlej olej roślinny i zamieszaj, aby pokryć spód woka. Dopraw olej dodając imbir i szczyptę soli. Pozwól imbirowi skwierczeć w oleju przez około 10 sekund, delikatnie mieszając.

g) Dodaj wieprzowinę i smaż przez 1 do 2 minut, aż przestanie się zarożowiać. Dodaj marchewkę i pieczarki i smaż dalej przez 2 minuty, aż marchewka zmięknie. Dodać kapustę, szalotki i pędy bambusa i smażyć jeszcze przez minutę lub do podgrzania. Przełóż do miski i podawaj, nakładając na środek naleśnika nadzienie wieprzowe i polane sosem śliwkowym.

57. Żeberka wieprzowe w sosie z czarnej fasoli

Składniki:

- 1-funtowe żeberka wieprzowe, pokrojone w poprzek na paski o szerokości $1\frac{1}{2}$ cala
- $\frac{1}{4}$ łyżeczki mielonego białego pieprzu
- 2 łyżki sosu z czarnej fasoli lub kupionego w sklepie sosu z czarnej fasoli
- 1 łyżka wina ryżowego Shaoxing
- 1 łyżka oleju roślinnego
- 2 łyżeczki mąki kukurydzianej
- 1/2-calowy kawałek świeżego imbiru, obrany i drobno zmielony
- 2 ząbki czosnku, drobno posiekane
- 1 łyżeczka oleju sezamowego
- 2 szalotki, pokrojone w cienkie plasterki

Wskazówki:

a) Pokrój między żebra, aby podzielić je na żeberka wielkości kęsa. W płytkiej, żaroodpornej misce wymieszać żeberka i biały pieprz. Dodaj sos z czarnej fasoli, wino ryżowe, olej roślinny, skrobię kukurydzianą, imbir i czosnek i wymieszaj, aby połączyć, upewniając się, że wszystkie polędwiczki są pokryte. Marynować przez 10 minut.

b) Wypłucz bambusowy koszyk do gotowania na parze wraz z pokrywką pod zimną wodą i umieść go w woku. Wlej 2 cale wody lub do momentu, gdy znajdzie się ponad dolną krawędzią parowaru o około $\frac{1}{4}$ do $\frac{1}{2}$ cala, ale nie na tyle, aby dotykała dna kosza. Umieść miskę z żeberkami w koszyku do gotowania na parze i przykryj.

c) Ustaw ogień na wysoki, aby zagotować wodę, a następnie zmniejsz go do średniego. Gotuj na średnim ogniu przez 20 do 22 minut lub do momentu, gdy żeberka przestaną być różowe. Może być konieczne uzupełnienie wody, więc sprawdzaj, czy nie zagotuje się w woku.

d) Ostrożnie wyjmij miskę z koszyka do gotowania na parze. Skrop żeberka olejem sezamowym i udekoruj szalotką. Natychmiast podawaj.

58. Jagnięcina Mongolska Smażona

Składniki:

- 2 łyżki wina ryżowego Shaoxing
- 1 łyżka ciemnego sosu sojowego
- 3 ząbki czosnku, posiekane
- 2 łyżeczki mąki kukurydzianej
- 1 łyżeczka oleju sezamowego
- 1-funtowy udziec jagnięcy bez kości, pokrojony w plastry o grubości $\frac{1}{4}$ cala
- 3 łyżki oleju roślinnego, podzielone
- 4 obrane plasterki świeżego imbiru, każdy wielkości ćwiartki
- 2 całe suszone czerwone papryczki chili (opcjonalnie)
- Sól koszerna
- 4 szalotki, pokrojone na 3-calowe kawałki, a następnie pokrojone w cienkie plastry

Wskazówki:

a) W dużej misce wymieszaj wino ryżowe, ciemną soję, czosnek, skrobię kukurydzianą i olej sezamowy. Do marynaty dodać jagnięcinę i wymieszać. Marynować przez 10 minut.

b) Podgrzej wok na średnim ogniu, aż kropla wody skwierczy i wyparuje w kontakcie. Wlej 2 łyżki oleju roślinnego i wymieszaj, aby pokryć spód woka. Dopraw olej dodając imbir, chili (jeśli używasz) i szczyptę soli. Pozwól aromatom skwierczeć w oleju przez około 30 sekund, delikatnie mieszając.

c) Szczypcami wyjmij połowę jagnięciny z marynaty, lekko potrząsając, aby nadmiar spłynął. Zarezerwuj marynatę. Smażyć w woku przez 2-3 minuty. Odwróć, aby obsmażyć po drugiej stronie przez kolejne 1 do 2 minut. Smażyć szybko, przewracając i obracając w woku jeszcze przez 1 minutę. Przełóż do czystej miski. Dodaj pozostałą 1 łyżkę oleju roślinnego i powtórz z pozostałą jagnięciną.

d) Włóż całą jagnięcinę i zarezerwowaną marynatę do woka i wrzuć szalotki. Smażyć przez kolejną minutę lub do czasu, gdy jagnięcina się upiecze, a marynata zamieni się w lśniący sos.

e) Przełóż na półmisek, wyrzuć imbir i podawaj na gorąco.

59. Jagnięcina z Kminkiem

Składniki:

- ¾ udziec jagnięcy bez kości, pokrojony na 1-calowe kawałki
- 1 łyżka jasnego sosu sojowego
- 1 łyżka wina ryżowego Shaoxing
- Sól koszerna
- 2 łyżki mielonego kminku
- 1 łyżeczka pokruszonych ziaren pieprzu syczuańskiego
- ½ łyżeczki cukru
- 3 łyżki oleju roślinnego, podzielone
- 4 obrane plasterki świeżego imbiru, każdy wielkości ćwiartki
- 2 łyżki mąki kukurydzianej
- ½ żółtej cebuli, pokrojonej wzdłuż w paski
- 6 do 8 całych suszonych chińskich papryczek chili (opcjonalnie)
- 4 ząbki czosnku, pokrojone w cienkie plasterki
- ½ pęczka świeżej kolendry, grubo posiekanej

Wskazówki:

a) W misce wymieszaj jagnięcinę, lekką soję, wino ryżowe i niewielką szczyptę soli. Wrzucić do płaszcza i marynować przez 15 minut lub na noc w lodówce.

b) W innej misce wymieszaj kminek, ziarna pieprzu syczuańskiego i cukier. Odłożyć na bok.

c) Podgrzej wok na średnim ogniu, aż kropla wody skwierczy i wyparuje w kontakcie. Wlej 2 łyżki oleju i wymieszaj, aby pokryć spód woka. Dopraw olej dodając imbir i szczyptę soli. Pozwól imbirowi skwierczeć w oleju przez około 30 sekund, delikatnie mieszając.

d) Wymieszaj kawałki jagnięciny ze skrobią kukurydzianą i dodaj do gorącego woka. Smaż jagnięcinę przez 2-3 minuty z każdej strony, a następnie smaż jeszcze przez 1-2 minuty, podrzucając i obracając wokół woka. Przełóż jagnię do czystej miski i odstaw na bok.

e) Dodaj pozostałą 1 łyżkę oleju i zamieszaj, aby pokryć woka. Wrzuć cebulę i papryczki chili (jeśli używasz) i smaż przez 3 do 4 minut, aż cebula zacznie wyglądać błyszcząco, ale nie wiotczeje. Dopraw lekko szczyptą soli. Wrzuć mieszankę czosnku i przypraw i smaż przez kolejną minutę.

f) Włóż jagnięcinę do woka i mieszaj jeszcze przez 1 do 2 minut. Przełóż na półmisek, wyrzuć imbir i udekoruj kolendrą.

60. Jagnięcina z Imbirem i Porem

Składniki:

- $\frac{3}{4}$ funt udziec jagnięcy bez kości, pokrojony na 3 kawałki, a następnie pokrojony w cienkie plastry
- Sól koszerna
- 2 łyżki wina ryżowego Shaoxing
- 1 łyżka ciemnego sosu sojowego
- 1 łyżka jasnego sosu sojowego
- 1 łyżeczka sosu ostrygowego
- 1 łyżeczka miodu
- 1 do 2 łyżeczek oleju sezamowego
- $\frac{1}{2}$ łyżeczki mielonego pieprzu syczuańskiego
- 2 łyżeczki mąki kukurydzianej
- 2 łyżki oleju roślinnego
- 1 łyżka obranego i drobno zmielonego świeżego imbiru
- 2 pory, okrojone i pokrojone w cienkie plasterki
- 4 ząbki czosnku, drobno posiekane

Wskazówki:

a) W misce lekko dopraw jagnięcinę 1-2 szczyptami soli. Wrzucić do płaszcza i odstawić na 10 minut. W małej misce wymieszaj wino ryżowe, ciemną soję, jasną soję, sos ostrygowy, miód, olej sezamowy, pieprz syczuański i skrobię kukurydzianą. Odłożyć na bok.

b) Podgrzej wok na średnim ogniu, aż kropla wody skwierczy i wyparuje w kontakcie. Wlej olej roślinny i zamieszaj, aby pokryć spód woka. Dopraw olej dodając imbir i szczyptę soli. Pozwól imbirowi skwierczeć w oleju przez około 10 sekund, delikatnie mieszając.

c) Dodaj jagnięcinę i obsmaż przez 1 do 2 minut, następnie zacznij smażyć, podrzucając i obracając jeszcze przez 2 minuty, aż przestanie się różowe. Przełożyć do czystej miski i odstawić.

d) Dodaj pory i czosnek i smaż przez 1 do 2 minut, aż pory będą jasnozielone i miękkie. Przełóż do miski jagnięcej.

e) Wlej mieszankę sosu i gotuj przez 3 do 4 minut, aż sos zmniejszy się o połowę i stanie się błyszczący. Włóż jagnięcinę i warzywa do woka i wymieszaj z sosem.

f) Przełóż na półmisek i podawaj na gorąco.

61.   Tajska wołowina z bazylią

Składniki:

- 2 łyżki oleju
- 12 uncji. wołowina, pokrojona w cienkie plastry na ziarnie
- 5 ząbków czosnku, posiekanych
- ½ czerwonej papryki pokrojonej w cienkie plasterki
- 1 mała cebula, pokrojona w cienkie plasterki
- 2 łyżeczki sosu sojowego
- 1 łyżeczka ciemnego sosu sojowego
- 1 łyżeczka sosu ostrygowego
- 1 łyżka sosu rybnego
- ½ łyżeczki cukru
- 1 szklanka tajskich liści bazylii, pakowana
- Kolendra, do przybrania

Wskazówki:

a) Rozgrzej woka na dużym ogniu i dodaj olej. Podsmaż wołowinę, aż się zrumieni. Wyjmij z woka i odstaw na bok.
b) Dodaj czosnek i czerwoną paprykę do woka i smaż przez około 20 sekund.
c) Dodaj cebulę i smaż, aż się zrumienią i lekko skarmelizują.
d) Wrzuć z powrotem wołowinę wraz z sosem sojowym, ciemnym sosem sojowym, sosem ostrygowym, sosem rybnym i cukrem.
e) Smażyć jeszcze przez kilka sekund, a następnie dodać tajską bazylię, aż zwiędnie.
f) Podawaj z ryżem jaśminowym i udekoruj kolendrą.

62. Chińska wieprzowina grillowa

SŁUŻBY 8

Składniki:

- 3 funty (1,4 kg) łopatki wieprzowej / wieprzowiny (wybierz kawałek z odrobiną dobrego tłuszczu)
- ¼ szklanki (50g) cukru
- 2 łyżeczki soli
- ½ łyżeczki pięciu przypraw w proszku
- ¼ łyżeczki białego pieprzu
- ½ łyżeczki oleju sezamowego
- 1 łyżka wina Shaoxing lub
- Chińskie wino śliwkowe
- 1 łyżka sosu sojowego
- 1 łyżka sosu hoisin
- 2 łyżeczki melasy
- 3 ząbki drobno zmielonego czosnku
- 2 łyżki maltozy lub miodu
- 1 łyżka gorącej wody

Wskazówki:

a) Pokrój wieprzowinę w długie paski lub kawałki o grubości około 3 cali. Nie przycinaj nadmiaru tłuszczu, ponieważ będzie się on wytapiał i dodawał smaku.
b) Połącz cukier, sól, pięć przypraw w proszku, biały pieprz, olej sezamowy, wino, sos sojowy, sos hoisin, melasę, barwnik spożywczy (jeśli używasz) i czosnek w misce, aby zrobić marynatę.
c) Zachowaj około 2 łyżki marynaty i odłóż na bok. Natrzyj wieprzowinę z resztą marynaty w dużej misce lub naczyniu do pieczenia. Przykryj i wstaw do lodówki na noc lub co najmniej 8 godzin. Zarezerwowaną marynatę również przykryj i przechowuj w lodówce.
d) Rozgrzej piekarnik do najwyższego ustawienia (475-550 stopni F lub 250-290 stopni C) z rusztem umieszczonym w górnej jednej trzeciej części piekarnika. Wyłóż blachę do pieczenia folią i umieść na niej metalowy stojak. Połóż wieprzowinę na ruszcie, pozostawiając jak najwięcej miejsca między kawałkami. Wlej 1 ½ szklanki wody na patelnię pod rusztem. Zapobiega to spaleniu lub dymieniu kapiącej wody.
e) Przełóż wieprzowinę do nagrzanego piekarnika i piecz przez 25 minut. Po 25 minutach odwróć wieprzowinę. Jeśli dno patelni jest suche, dodaj kolejną szklankę wody. Obróć patelnię o 180 stopni, aby zapewnić równomierne pieczenie. Piecz kolejne 15 minut.
f) W międzyczasie połącz zarezerwowaną marynatę z maltozą lub miodem i 1 łyżką gorącej wody. To będzie sos, którego użyjesz do polewania wieprzowiny.

g) Po 40 minutach całkowitego czasu pieczenia polewamy wieprzowinę, odwracamy ją i również podlewamy drugą stronę. Piecz przez ostatnie 10 minut.
h) Po 50 minutach całkowitego czasu pieczenia wieprzowinę należy ugotować i skarmelizować na wierzchu. Jeśli nie jest karmelizowany zgodnie z twoimi upodobaniami, możesz włączyć brojler na kilka minut, aby chrupiący wierzch i dodać trochę koloru/smaku.

63. Bułeczki wieprzowe BBQ na parze

ROBI 10 BUŁEK

Składniki:

Ciasto na bułkę gotowaną na parze:

- 1 łyżeczka aktywnych suchych drożdży
- ¾ filiżanka ciepłej wody
- 2 filiżanki mąki uniwersalnej
- 1 szklanka mąki kukurydzianej
- 5 łyżek cukru
- ¼ szklanki oleju rzepakowego lub roślinnego
- 2½ łyżeczki proszku do pieczenia

Do nadzienia:

- 1 łyżka oleju
- ⅓ szklanka drobno posiekanej szalotki lub czerwonej cebuli
- 1 łyżka cukru
- 1 łyżka jasnego sosu sojowego
- 1½ łyżki sosu ostrygowego
- 2 łyżeczki oleju sezamowego
- 2 łyżeczki ciemnego sosu sojowego
- ½ szklanki bulionu z kurczaka
- 2 łyżki mąki uniwersalnej

- 1½ szklanki pokrojonej w kostkę chińskiej pieczeni wieprzowej

Wskazówki:

a) W misce miksera elektrycznego wyposażonego w nasadkę do ciasta (można również użyć zwykłej miski i zagniatać ręcznie) rozpuść 1 łyżeczkę aktywnych suchych drożdży w 3/4 szklanki ciepłej wody. Mąkę i skrobię kukurydzianą przesiej razem i dodaj do mieszanki drożdżowej razem z cukrem i olejem.

b) Włącz mikser na najniższe ustawienie i puść, aż utworzy się gładka kula ciasta. Przykryj wilgotną szmatką i odstaw na 2 godziny. (Później dodasz proszek do pieczenia!)

c) Gdy ciasto odpoczywa, przygotuj farsz mięsny. Rozgrzej 1 łyżkę oleju w woku na średnim ogniu. Dodaj szalotki/cebulę i smaż przez 1 minutę. Zmniejsz ogień na średnio niski i dodaj cukier, jasny sos sojowy, sos ostrygowy, olej sezamowy i ciemny sos sojowy. Mieszaj i gotuj, aż mieszanina zacznie bulgotać. Dodaj wywar z kurczaka i mąkę, gotuj przez 3 minuty, aż zgęstnieje. Zdejmij z ognia i wmieszaj pieczeń wieprzową. Odstawić do ostygnięcia. Jeśli zrobisz nadzienie z wyprzedzeniem, przykryj i wstaw do lodówki, aby nie wyschło.

d) Gdy ciasto odpoczywa przez 2 godziny, dodaj proszek do pieczenia do ciasta i ustaw mikser na najniższe ustawienie. W tym momencie, jeśli ciasto wygląda na suche lub masz problem z wprowadzeniem proszku do pieczenia, dodaj 1-2 łyżeczki wody. Delikatnie wyrabiaj ciasto, aż znów stanie się gładkie. Przykryj wilgotną szmatką i odstaw na kolejne 15 minut. W międzyczasie weź duży kawałek pergaminu i pokrój go na dziesięć kwadratów 4x4 cale. Przygotuj swój parowiec, doprowadzając wodę do wrzenia.

e) Teraz jesteśmy gotowi do złożenia bułek: zwałkuj ciasto w długą rurkę i podziel na 10 równych kawałków. Wciśnij każdy kawałek ciasta w krążek o średnicy około $4\frac{1}{2}$ cala (powinien być grubszy w środku i cieńszy na brzegach). Dodaj trochę nadzienia i pofałduj bułki, aż zamkną się na wierzchu.

f) Każdą bułkę połóż na kwadracie z papieru pergaminowego i gotuj na parze. Bułki gotowałam na parze w dwóch osobnych partiach za pomocą bambusa na parze.

g) Gdy woda się zagotuje, umieść bułki w parowarze i gotuj każdą partię przez 12 minut na dużym ogniu.

64. Kantoński pieczony boczek wieprzowy

DLA 6-8

Składniki:

- 3 funty boczku ze skórą
- 2 łyżeczki wina Shaoxing
- 2 łyżeczki soli
- 1 łyżeczka cukru
- ½ łyżeczki pięciu przypraw w proszku
- ¼ łyżeczki białego pieprzu
- 1½ łyżeczki octu ryżowego
- ½ szklanki gruboziarnistej soli morskiej

Wskazówki:

a) Boczek opłukać i osuszyć. Połóż go skórą do dołu na tacy i wetrzyj wino Shaoxing w mięso (nie w skórę). Wymieszaj sól, cukier,
b) pięć przypraw w proszku i biały pieprz. Dokładnie wmasuj również tę mieszankę przypraw w mięso. Odwróć mięso tak, aby było skórą do góry.
c) Tak więc, aby wykonać następny krok, istnieje specjalne narzędzie, którego używają restauracje, ale my właśnie użyliśmy ostrego metalowego szpikulca. Systematycznie wybijaj dziury w całej skórze, co pomoże jej chrupić, zamiast pozostać gładką i skórzastą. Im więcej dziur, tym lepiej. Upewnij się również, że wchodzą wystarczająco głęboko. Zatrzymaj się tuż nad warstwą tłuszczu pod spodem.
d) Pozostawić boczek wieprzowy do wyschnięcia w lodówce bez przykrycia na 12-24 godziny.
e) Rozgrzej piekarnik do 375 stopni F. Umieść duży kawałek folii aluminiowej (najlepiej wytrzymała folia) na blasze do pieczenia i zwiń boki wokół wieprzowiny tak, aby wokół niej powstało coś w rodzaju pudełka, z ramką o wysokości 1 cala biegnącą po bokach.
f) Posmaruj skórę wieprzową octem ryżowym. Zapakuj sól morską w jedną równą warstwę na skórę, tak aby wieprzowina była całkowicie przykryta. Wstawić do piekarnika i piec przez 1 godzinę i 30 minut. Jeśli twój boczek nadal ma żebro, piecz przez 1 godzinę i 45 minut.
g) Wyjmij wieprzowinę z piekarnika, ustaw pieczenie na najniższym poziomie i ustaw ruszt piekarnika w najniższej

pozycji. Usuń wierzchnią warstwę soli morskiej z boczku, rozłóż folię i umieść na patelni ruszt do pieczenia. Połóż boczek wieprzowy na ruszcie i włóż go z powrotem pod brojler, aby był chrupiący. Powinno to zająć 10-15 minut. Najlepiej byłoby, gdyby brojler był na „niskim poziomie", aby proces ten przebiegał stopniowo. Jeśli twój brojler jest bardzo gorący, obserwuj go uważnie i trzymaj wieprzowinę jak najdalej od źródła ciepła.

h) Gdy skórka napuszy się i stanie się chrupiąca, wyjmij z piekarnika. Odstaw na około 15 minut. Pokrój i podawaj!

ZUPY, RYŻ I MAKARON

65. Zupa kokosowa z makaronem curry

Składniki:
- 2 łyżki oleju
- 3 ząbki czosnku, posiekane
- 1 łyżka świeżego imbiru, startego
- 3 łyżki tajskiej czerwonej pasty curry
- 8 uncji pierś lub udka z kurczaka bez kości, pokrojone
- 4 szklanki bulionu z kurczaka
- 1 szklanka wody
- 2 łyżki sosu rybnego
- ⅔ szklanka mleka kokosowego
- 6 oz. suszony makaron ryżowy wermiszel
- 1 limonka, wyciśnięty sok

Wskazówki:
a) Pokrojona czerwona cebula, czerwona papryczka chili, kolendra, szalotki do przybrania
b) W dużym garnku na średnim ogniu dodaj oliwę, czosnek, imbir i tajską pastę curry. Smaż przez 5 minut, aż pachnie.
c) Dodaj kurczaka i smaż przez kilka minut, aż kurczak stanie się nieprzezroczysty.
d) Dodaj bulion z kurczaka, wodę, sos rybny i mleko kokosowe. Doprowadzić do wrzenia.
e) W tym momencie posmakuj bulionu pod kątem soli i odpowiednio dostosuj przyprawy.
f) Wlej gotującą się zupę na wysuszony makaron wermiszelowy w miskach do serwowania, dodaj wyciśnięty sok z limonki i dodatki i podawaj. Makaron będzie gotowy do spożycia za kilka minut.

66.   Pikantna zupa z makaronem wołowym

Składniki:
- 16 filiżanek zimnej wody
- 6 plasterków imbiru
- 3 szalotki, umyte i pokrojone na pół
- ¼ szklanki wina Shaoxing
- 3 funty karkówka wołowa, pokrojona na 1,5-calowe kawałki
- 3 łyżki oleju
- 1 do 2 łyżek pieprzu syczuańskiego
- 2 główki czosnku, obrane
- 1 duża cebula, pokrojona na kawałki
- anyż 5-gwiazdkowy
- 4 liście laurowe
- ¼ szklanki pikantnej pasty z fasoli
- 1 duży pomidor, pokrojony na małe kawałki
- ½ szklanki jasnego sosu sojowego
- 1 łyżka cukru
- 1 duży kawałek suszonej skórki mandarynki
- świeży lub suszony makaron pszenny do wyboru
- Posiekana szalotka i kolendra do przybrania

Wskazówki:

a) Rozgrzej olej w innym garnku lub dużym woku na średnim ogniu i dodaj ziarna pieprzu syczuańskiego, ząbki czosnku, cebulę, anyż i liście laurowe. Smaż, aż ząbki czosnku i cebula zaczną mięknąć (około 5-10 minut). Dodaj pikantną pastę z fasoli.

b) Następnie dodaj pomidory i gotuj przez dwie minuty. Na koniec dodaj lekki sos sojowy i cukier. Wyłącz ogrzewanie.

c) Teraz zgarnijmy wołowinę, imbir i szalotki z pierwszego garnka i przenieś je do drugiego garnka. Następnie przelej wywar przez sitko o drobnych oczkach. Umieść garnek na dużym ogniu i dodaj skórkę mandarynki. Przykryj i zagotuj zupę. Natychmiast zmniejsz ogień do wrzenia i gotuj przez 60-90 minut.

d) Po ugotowaniu wyłącz ogień, ale nie zdejmuj pokrywki i pozostaw garnek na kuchence (z wyłączonym ogrzewaniem) przez kolejną godzinę, aby smaki się połączyły. Twoja baza do zup jest gotowa. Pamiętaj, aby przed podaniem ponownie zagotować bazę zupy.

67.Zupa z jajek

Składniki:

- 4 szklanki organicznego wywaru z kurczaka lub domowego wywaru z kurczaka
- ½ łyżeczki oleju sezamowego
- ½ łyżeczki soli
- szczypta cukru
- szczypta białego pieprzu
- 5 kropli żółtego barwnika spożywczego
- ¼ szklanki mąki kukurydzianej zmieszanej z ½ szklanki wody
- 3 jajka, lekko ubite
- 1 szalotka, posiekana

Wskazówki:

a) Zagotuj wywar z kurczaka w średnim garnku do zupy. Dodaj olej sezamowy, sól, cukier i biały pieprz.
b) Następnie dodaj gnojowicę ze skrobi kukurydzianej
c) Gotuj zupę przez kilka minut, a następnie sprawdź, czy konsystencja Ci odpowiada.
d) Nalej zupę do miski, posyp posiekaną szalotką, skrop olejem sezamowym i podawaj!

68. Prosta zupa wonton

Składniki:

- 10 uncji baby bok choy lub podobne zielone warzywo
- 1 szklanka mielonej wieprzowiny
- $2\frac{1}{2}$ łyżki oleju sezamowego
- szczypta białego pieprzu
- 1 łyżka doprawionego sosu sojowego
- $\frac{1}{2}$ łyżeczki soli
- 1 łyżka wina Shaoxing
- 1 opakowanie skórek wonton
- 6 filiżanek dobrego wywaru z kurczaka
- 1 łyżka oleju sezamowego
- Biały pieprz i sól do smaku
- 1 szalotka, posiekana

Wskazówki:

a) Zacznij od dokładnego umycia warzyw. Zagotuj wodę w dużym garnku i blanszuj warzywa, aż zwiędną. Odcedź i spłucz w zimnej wodzie. Chwyć porządną kępę warzyw i ostrożnie wyciśnij jak najwięcej wody. Bardzo drobno posiekaj warzywa (możesz też przyspieszyć proces wrzucając je do robota kuchennego).

b) W średniej misce dodaj drobno posiekane warzywa, mieloną wieprzowinę, olej sezamowy, biały pieprz, sos sojowy, sól i wino Shaoxing. Wymieszaj bardzo dokładnie, aż mieszanina zostanie całkowicie zemulgowana – prawie jak pasta.

c) Teraz czas na montaż! Napełnij małą miskę wodą. Chwyć opakowanie i zwilż brzegi opakowania palcem. Do środka dodać trochę ponad łyżeczkę nadzienia. Złóż opakowanie na pół i ściśnij obie strony razem, aby uzyskać mocne uszczelnienie.

d) Przytrzymaj dwa dolne rogi małego prostokąta, który właśnie wykonałeś i połącz oba rogi. Możesz użyć odrobiny wody, aby upewnić się, że się przykleją. I to wszystko! Kontynuuj montaż, aż zniknie całe nadzienie. Połóż wontony na blasze lub talerzu wyłożonym papierem do pieczenia, aby zapobiec przywieraniu.

e) W tym momencie możesz przykryć wontony plastikową folią, włożyć blachę/płytę do pieczenia do zamrażarki i przenieść je do torebek Ziploc po zamrożeniu. Będą przechowywane przez kilka miesięcy w zamrażarce i będą gotowe na zupę wonton, kiedy tylko zechcesz.

f) Aby zrobić zupę, podgrzej wywar z kurczaka i dodaj olej sezamowy, biały pieprz i sól.

g) Zagotuj wodę w oddzielnym garnku. Ostrożnie dodawaj wontony pojedynczo do garnka. Mieszaj, aby wontony nie przywierały do dna. Jeśli się przykleją, nie martw się, powinny zostać uwolnione po ugotowaniu. Skończą się, kiedy unoszą się na wodzie. Uważaj, aby ich nie rozgotować.

h) Wyjąć wontony łyżką cedzakową i przełożyć do miseczek. Wlej zupę na wontony i udekoruj posiekaną szalotką. Obsługiwać!

69. Zupa z jajek

Składniki:

- 4 szklanki niskosodowego bulionu z kurczaka
- 2 obrane świeże plastry imbiru
- 2 obrane ząbki czosnku
- 2 łyżeczki jasnego sosu sojowego
- 2 łyżki mąki kukurydzianej
- 3 łyżki wody
- 2 duże jajka, lekko ubite
- 1 łyżeczka oleju sezamowego
- 2 szalotki, pokrojone w cienkie plasterki, do dekoracji

Wskazówki:

a) W woku lub garnku do zupy wymieszać bulion, imbir, czosnek i jasną soję i doprowadzić do wrzenia. Zmniejszyć do wrzenia i gotować przez 5 minut. Usuń i wyrzuć imbir i czosnek.

b) W małej misce wymieszaj skrobię kukurydzianą z wodą i wmieszaj mieszaninę do woka.

c) Zmniejsz ogień do wrzenia. Zanurz widelec w ubitych jajkach, a następnie przeciągnij go przez zupę, delikatnie mieszając po drodze. Dusić zupę w spokoju przez kilka chwil, aby jajka się ułożyły. Dodaj olej sezamowy i wlej zupę do miseczek. Udekoruj szalotką.

70. Ryż smażony z jajkiem

Składniki:

- 5 filiżanek ugotowanego ryżu
- 5 dużych jajek (podzielonych)
- 2 łyżki wody
- ¼ łyżeczki papryki
- ¼ łyżeczki kurkumy
- 3 łyżki oleju (podzielone)
- 1 średnia cebula, drobno posiekana
- ½ czerwonej papryki, drobno posiekanej
- ½ szklanki mrożonego groszku, rozmrożonego
- 1½ łyżeczki soli
- ¼ łyżeczki cukru
- ¼ łyżeczki czarnego pieprzu
- 2 szalotki, posiekane

Wskazówki:

a) Użyj widelca do spulchniania ryżu i rozbicia go. Jeśli używasz świeżo ugotowanego ryżu, postaw go na blacie bez przykrycia, aż przestanie parować, zanim zacznie się puchnąć.
b) Ubij 3 jajka w jednej misce. W innej misce ubij pozostałe 2 jajka razem z 2 łyżkami wody, papryką i kurkumą. Odłóż te dwie miski na bok.
c) Rozgrzej woka na średnim ogniu i dodaj 2 łyżki oleju. Dodaj 3 ubite jajka (bez przypraw) i zamieszaj je. Wyjmij je z woka i odłóż na bok.
d) Podgrzej wok na dużym ogniu i dodaj ostatnią łyżkę oleju. Dodaj pokrojoną w kostkę cebulę i paprykę. Smażyć przez 1-2 minuty. Następnie dodaj ryż i smaż przez 2 minuty, wykonując ruchy nabierania, aby równomiernie podgrzać ryż. Użyj łopatki do woka, aby spłaszczyć i rozbić wszelkie kępy ryżu.
e) Następnie zalej ryż pozostałym niegotowanym jajkiem i mieszanką przypraw i smaż przez około 1 minutę, aż wszystkie ziarna ryżu zostaną pokryte jajkiem.
f) Dodaj groszek i mieszaj, smaż przez kolejną minutę. Następnie posyp ryż solą, cukrem i czarnym pieprzem i wymieszaj. Powinieneś teraz zobaczyć trochę pary wydobywającej się z ryżu, co oznacza, że jest on podgrzewany.

71. Klasyczny smażony ryż wieprzowy

Składniki:
- 1 łyżka gorącej wody
- 1 łyżeczka miodu
- 1 łyżeczka oleju sezamowego
- 1 łyżeczka wina Shaoxing
- 1 łyżka sosu sojowego
- 1 łyżeczka ciemnego sosu sojowego
- $\frac{1}{4}$ łyżeczki białego pieprzu
- 5 filiżanek ugotowanego białego ryżu
- 1 łyżka oleju
- 1 średnia cebula, pokrojona w kostkę
- 1 funt chińskiej wieprzowiny BBQ, pokrojonej na kawałki
- 2 jajka, jajecznica
- $\frac{1}{2}$ szklanki kiełków fasoli mung
- 2 szalotki, posiekane

Wskazówki:
a) Zacznij od połączenia gorącej wody, miodu, oleju sezamowego, wina Shaoxing, sosu sojowego, ciemnego sosu sojowego i białego pieprzu w małej misce.
b) Ugotowany ryż weź i roztrzep widelcem lub rękoma.
c) Do woka na średnim ogniu dodaj łyżkę oleju i podsmaż cebulę, aż będzie przezroczysta. Dodaj pieczeń wieprzową. Dodaj ryż i dobrze wymieszaj. Dodaj mieszaninę sosu i sól i mieszaj ruchami nabierania, aż ryż zostanie równomiernie pokryty sosem.
d) Wrzuć jajka, kiełki fasoli mung i szalotki. Dokładnie wymieszaj przez kolejną minutę lub dwie i podawaj!

72. Pijany makaron

Składniki:

Do kurczaka i marynaty:
- 2 łyżki wody
- 12 uncji pokrojonych ud z kurczaka lub piersi z kurczaka
- 1 łyżeczka sosu sojowego
- 1 łyżeczka oleju
- 2 łyżeczki mąki kukurydzianej

Do reszty dania:
- 8 uncji suszonego makaronu ryżowego, ugotowanego
- 1½ łyżeczki brązowego cukru rozpuszczonego w 1 łyżce gorącej wody
- 2 łyżeczki sosu sojowego
- 1 łyżeczka ciemnego sosu sojowego
- 1 łyżka sosu rybnego
- 2 łyżeczki sosu ostrygowego
- szczypta mielonego białego pieprzu
- 3 łyżki oleju roślinnego lub rzepakowego (podzielone)
- 3 ząbki czosnku, pokrojone w plastry
- ¼ łyżeczki świeżego startego imbiru
- 2 szalotki, pokrojone w plastry (około ⅓ kubki)
- 1 szalotka, pokrojona w 3 calowe kawałki
- 4 tajskie czerwone papryczki chili, bez pestek i julienned
- 1 szklanka luźno zapakowanej bazylii świętej lub bazylii tajskiej
- 5 do 6 kawałków kukurydzy, podzielonych na pół (opcjonalnie)
- 2 łyżeczki wina Shaoxing

Wskazówki:

a) Włóż 2 łyżki wody do pokrojonego kurczaka rękoma, aż kurczak wchłonie płyn. Dodaj sos sojowy, olej, skrobię kukurydzianą i mieszaj, aż kurczak zostanie równomiernie pokryty. Odstawić na 20 minut.

b) Wymieszaj rozpuszczoną mieszankę brązowego cukru, sosy sojowe, sos rybny, sos ostrygowy i biały pieprz w małej misce i odstaw na bok.

c) Podgrzej woka, aż będzie bliski palenia i rozprowadź 2 łyżki oleju na obwodzie woka. Dodaj kurczaka i obsmaż przez 1 minutę z każdej strony, aż będzie ugotowany w około 90%. Wyjmij z woka i odstaw na bok. Jeśli ciepło było wystarczająco wysokie, a mięso prawidłowo obsmażono, wok powinien być nadal czysty i nic się do niego nie przywiera. Jeśli nie, możesz umyć wok, aby makaron ryżowy nie przywierał.

d) Kontynuuj z woka na dużym ogniu i dodaj 1 łyżkę oleju wraz z czosnkiem i startym imbirem.

e) Po kilku sekundach dodaj szalotki. Smaż przez 20 sekund i dodaj szalotki, papryczki chili, bazylię, kukurydzę i wino Shaoxing. Smaż przez kolejne 20 sekund i dodaj makaron ryżowy. Użyj ruchu nabierania, aby wszystko wymieszać przez kolejną minutę, aż makaron się rozgrzeje.

f) Następnie dodaj przygotowaną mieszankę sosu i smaż na dużym ogniu przez około 1 minutę, aż makaron będzie miał jednolity kolor. Uważaj, aby użyć metalowej szpatułki, aby zeskrobać spód woka, aby zapobiec przywieraniu.

g) Dodaj przysmażonego kurczaka i smaż przez kolejne 1 do 2 minut. Obsługiwać!

73.   Sichuan dan dan makaron

Składniki:

Do oleju chili:
- 2 łyżki ziaren pieprzu syczuańskiego
- 1-calowy kawałek cynamonu
- 2-gwiazdkowy anyż
- 1 szklanka oleju
- ¼ szklanki pokruszonych płatków czerwonej papryki

Na mięso i sui mi ya cai:
- 3 łyżeczki oleju (podzielone)
- 8 uncji mielone mięso wieprzowe
- 2 łyżeczki sosu ze słodkiej fasoli lub sosu hoisin
- 2 łyżeczki shaoxingowego wina
- 1 łyżeczka ciemnego sosu sojowego
- ½ łyżeczki pięciu przypraw w proszku
- ⅓ kubek sui mi ya cai

Na sos:
- 2 łyżki pasty sezamowej (tahini)
- 3 łyżki sosu sojowego
- 2 łyżeczki cukru
- ¼ łyżeczki pięć przypraw w proszku
- ½ łyżeczki proszku pieprzu syczuańskiego
- ½ szklanki przygotowanego oleju chili
- 2 ząbki czosnku, bardzo drobno posiekane
- ¼ szklanki gorącej wody do gotowania z makaronu

Do makaronu i warzyw:
- 1 funt świeżego lub suszonego białego makaronu średniej grubości
- 1 mały pęczek zielonych liściastych (szpinak, kapusta bok choy lub suma choy)

Złożyć:
- posiekane orzeszki ziemne (opcjonalnie)
- posiekana szalotka

Wskazówki:
a) Przygotowanie mieszanki mięsnej: W woku rozgrzej łyżeczkę oleju na średnim ogniu i zrumień mieloną wieprzowinę. Dodaj sos ze słodkiej fasoli, wino shaoxing, ciemny sos sojowy i pięć przypraw w proszku. Gotuj, aż cały płyn odparuje. Odłożyć na bok. Podgrzej pozostałe 2 łyżeczki oleju w woku na średnim ogniu i podsmaż sui mi ya cai (marynowane warzywa) przez kilka minut. Odłożyć na bok.
b) Aby zrobić sos: Wymieszaj wszystkie składniki sosu. Skosztuj i dostosuj przyprawy, jeśli chcesz. Możesz rozluźnić go gorącą wodą, dodać więcej proszku z pieprzu syczuańskiego.
c) Aby przygotować makaron i warzywa: Ugotuj makaron zgodnie ze wskazówkami na opakowaniu i odcedź. Zblanszować warzywa w wodzie z makaronem i odcedzić.
d) Podziel sos na cztery miski, a następnie makaron i zielone warzywa liściaste. Dodaj ugotowaną wieprzowinę i sui mi ya cai na wierzchu. Posyp posiekanymi orzeszkami ziemnymi (opcjonalnie) i szalotką.
e) Wymieszaj wszystko razem i ciesz się!

74. Gorąca i kwaśna zupa

Składniki:

- 4 uncje polędwicy wieprzowej bez kości, pokrojonej w paski o grubości ¼ cala
- 1 łyżka ciemnego sosu sojowego
- 4 suszone grzyby shiitake
- 8 suszonych grzybów usznych
- 1½ łyżki mąki kukurydzianej
- ¼ szklanki niesezonowanego octu ryżowego
- 2 łyżki jasnego sosu sojowego
- 2 łyżeczki cukru
- 1 łyżeczka smażonego oleju chili
- 1 łyżeczka mielonego białego pieprzu
- 2 łyżki oleju roślinnego
- 1 obrany kawałek świeżego imbiru, wielkości około ćwiartki
- Sól koszerna
- 4 szklanki niskosodowego bulionu z kurczaka
- 4 uncje twardego tofu, opłukane i pokrojone w paski ¼ cala
- 1 duże jajko, lekko ubite
- 2 szalotki, pokrojone w cienkie plasterki, do dekoracji

Wskazówki:

a) W misce wrzuć wieprzowinę i ciemną soję do obtoczenia. Odłożyć na bok.

b) Włóż oba grzyby do miski żaroodpornej i zalej wrzątkiem. Grzyby namoczyć, aż zmiękną, około 20 minut. Wlej $\frac{1}{4}$ szklanki wody z grzybów do szklanej miarki i odstaw na bok. Odcedź i wylej resztę płynu. Pokrój grzyby shiitake na cienkie plasterki i pokrój grzyby kłosa na kawałki wielkości kęsa. Włóż oba grzyby do miski i odstaw na bok.

c) Wymieszaj skrobię kukurydzianą z zarezerwowanym płynem grzybowym, aż skrobia kukurydziana się rozpuści. Dodaj ocet, jasną soję, cukier, olej chili i biały pieprz, aż cukier się rozpuści. Odłożyć na bok.

d) Podgrzej wok na średnim ogniu, aż kropla wody skwierczy i wyparuje w kontakcie. Wlej olej roślinny i zamieszaj, aby pokryć spód woka. Dopraw olej dodając imbir i szczyptę soli. Pozwól imbirowi skwierczeć w oleju przez około 30 sekund, delikatnie mieszając.

e) Przełóż wieprzowinę do woka i smaż przez około 3 minuty, aż wieprzowina nie będzie już różowa. Usuń imbir i wyrzuć. Dodaj bulion i zagotuj. Zredukować do wrzenia i wmieszać pieczarki. Dodaj tofu i gotuj na wolnym ogniu przez 2 minuty. Dodaj mieszankę skrobi kukurydzianej i wróć do średniego ciepła, mieszając, aż zupa zgęstnieje, około 30 sekund. Zmniejsz ogień do wrzenia.

f) Zanurz widelec w ubitym jajku, a następnie przeciągnij go przez zupę, delikatnie mieszając po drodze.

75. Congee wieprzowe

Składniki:

- 10 filiżanek wody
- ¾ szklanka ryżu jaśminowego, opłukanego i odsączonego
- 1 łyżeczka soli koszernej
- 2 łyżeczki obrane zmielonego świeżego imbiru
- 2 ząbki czosnku, posiekane
- 1 łyżka jasnego sosu sojowego plus więcej do podania
- 2 łyżeczki wina ryżowego Shaoxing
- 2 łyżeczki mąki kukurydzianej
- 6 uncji mielonej wieprzowiny
- 2 łyżki oleju roślinnego
- Marynowane chińskie warzywa, pokrojone w cienkie plastry, do podania (opcjonalnie)
- Olej Scallion-Imbir do podania (opcjonalnie)
- Smażony Olej Chili, do podania (opcjonalnie)
- Olej sezamowy do podania (opcjonalnie)

Wskazówki:

a) W garnku z grubym dnem zagotuj wodę. Dodaj ryż i sól i zmniejsz ogień do wrzenia. Przykryj i gotuj, mieszając od czasu do czasu, przez około 1½ godziny, aż ryż zmieni się w miękką konsystencję przypominającą owsiankę.

b) Podczas gotowania congee w średniej misce wymieszaj imbir, czosnek, lekką soję, wino ryżowe i mąkę kukurydzianą. Dodaj wieprzowinę i pozwól jej marynować przez 15 minut.

c) Podgrzej wok na średnim ogniu, aż kropla wody skwierczy i wyparuje w kontakcie. Wlej olej roślinny i zamieszaj, aby pokryć spód woka. Dodać wieprzowinę i smażyć, podrzucając i rozbijając mięso około 2 minut.

d) Gotuj przez kolejne 1 do 2 minut bez mieszania, aby uzyskać trochę karmelizacji.

e) Congee podawaj w miseczkach do zupy, posyp smażoną wieprzowiną. Udekoruj wybranymi dodatkami.

76. Ryż Smażony z Krewetkami, Jajkiem i Scalions

Składniki:
- 2 łyżki oleju roślinnego
- Sól koszerna
- 1 duże jajko, ubite
- ½ funta krewetek (dowolnej wielkości), obrane, obcięte i pokrojone na kawałki wielkości kęsa
- 1 łyżeczka obrana drobno zmielonego świeżego imbiru
- 2 ząbki czosnku, drobno posiekane
- ½ szklanki mrożonego groszku i marchewki
- 2 szalotki, pokrojone w cienkie plasterki, podzielone
- 3 szklanki ugotowanego na zimno ryżu
- 3 łyżki niesolonego masła
- 1 łyżka jasnego sosu sojowego
- 1 łyżka oleju sezamowego

Wskazówki:

a) Podgrzej wok na średnim ogniu, aż kropla wody skwierczy i wyparuje w kontakcie. Wlej olej roślinny i zamieszaj, aby pokryć spód woka. Dopraw olej, dodając niewielką szczyptę soli. Dodaj jajko i szybko wymieszaj.

b) Przełóż jajko na boki woka, aby utworzyć środkowy pierścień i dodaj razem krewetki, imbir i czosnek. Smaż krewetki z niewielką szczyptą soli przez 2-3 minuty, aż staną się matowe i różowe. Dodaj groszek i marchewkę oraz połowę szalotki i smaż jeszcze przez minutę.

c) Dodaj ryż, rozbijając wszelkie duże grudki, wymieszaj i odwróć, aby połączyć wszystkie składniki. Smażyć przez 1 minutę, a następnie przesunąć wszystko na boki woka, pozostawiając zagłębienie na dnie woka.

d) Dodaj masło i jasną soję, pozwól masłomu się roztopić i zaburzyć, a następnie wymieszaj wszystko, aby pokryć, około 30 sekund.

e) Rozłóż smażony ryż na równej warstwie w woku i pozostaw ryż na woku przez około 2 minuty, aby lekko się chrupnął. Skrop olejem sezamowym i dopraw kolejną szczyptą soli. Przełóż na półmisek i od razu podawaj, udekoruj resztą szalotki.

77. Ryż Smażony z Wędzonego Pstrąga

Składniki:

- 2 duże jajka
- 1 łyżeczka oleju sezamowego
- Sól koszerna
- Pieprz biały mielony
- 1 łyżka jasnego sosu sojowego
- $\frac{1}{2}$ łyżeczki cukru
- 3 łyżki ghee lub oleju roślinnego, podzielone
- 1 łyżeczka obrana drobno zmielonego świeżego imbiru
- 2 ząbki czosnku, drobno posiekane
- 3 szklanki ugotowanego na zimno ryżu
- 4 uncje wędzonego pstrąga, połamane na kawałki wielkości kęsa
- $\frac{1}{2}$ szklanki cienko pokrojonych serc sałaty rzymskiej
- 2 szalotki, pokrojone w cienkie plasterki
- $\frac{1}{2}$ łyżeczki białego sezamu

Wskazówki:

a) W dużej misce wymieszaj jajka z olejem sezamowym i szczyptą soli i białego pieprzu, aż się połączą. W małej misce wymieszaj jasną soję i cukier, aby rozpuścić cukier. Odłożyć na bok.

b) Podgrzej wok na średnim ogniu, aż kropla wody skwierczy i wyparuje w kontakcie. Wlej 1 łyżkę ghee i wymieszaj, aby pokryć spód woka. Dodaj masę jajeczną i za pomocą żaroodpornej łopatki zamieszaj i wstrząśnij jajka, aby ugotować. Ugotowane, ale nie wysuszone jajka przełóż na talerz.

c) Dodaj pozostałe 2 łyżki ghee do woka wraz z imbirem i czosnkiem. Smaż szybko, aż czosnek i imbir staną się aromatyczne, ale uważaj, aby się nie przypaliły. Dodaj mieszankę ryżu i soi i wymieszaj, aby połączyć. Kontynuuj smażenie przez około 3 minuty. Dodaj pstrąga i ugotowane jajko i smaż przez około 20 sekund. Dodaj sałatę i szalotki i smaż, aż obie będą jasnozielone.

d) Przełóż na półmisek i posyp sezamem.

78.   Ryż Smażony Spam

Składniki:

- 1 łyżka oleju roślinnego
- 2 obrane świeże plastry imbiru
- Sól koszerna
- 1 (12-uncjowa) puszka Spam, pokrojona w ½-calowe kostki
- ½ białej cebuli, pokrojonej w ¼ cala kostki
- 2 ząbki czosnku, drobno posiekane
- ½ szklanki mrożonego groszku i marchewki
- 2 szalotki, pokrojone w cienkie plasterki, podzielone
- 3 szklanki ugotowanego na zimno ryżu
- ½ szklanki kawałków ananasa w puszce, zarezerwowane soki
- 3 łyżki niesolonego masła
- 2 łyżki jasnego sosu sojowego
- 1 łyżeczka sriracha
- 1 łyżeczka jasnobrązowego cukru
- 1 łyżka oleju sezamowego

Wskazówki:

a) Podgrzej wok na średnim ogniu, aż kropla wody skwierczy i wyparuje w kontakcie. Wlej olej roślinny i zamieszaj, aby pokryć spód woka. Dopraw olej dodając imbir i niewielką szczyptę soli. Pozwól imbirowi skwierczeć w oleju przez około 30 sekund, delikatnie mieszając.

b) Dodaj pokrojony w kostkę Spam i rozprowadź go równomiernie na dnie woka. Pozwól Spamowi przypalić przed rzuceniem i odwróceniem. Kontynuuj mieszanie i smaż Spam przez 5 do 6 minut, aż stanie się złoty i chrupiący ze wszystkich stron.

c) Dodaj cebulę i czosnek i smaż przez około 2 minuty, aż cebula zacznie wyglądać na półprzezroczystą. Dodaj groszek i marchewkę oraz połowę szalotki. Smaż jeszcze przez minutę.

d) Wrzuć ryż i ananasa, rozbijając duże kępy ryżu, a następnie wrzuć i przewróć, aby połączyć wszystkie składniki. Smażyć przez 1 minutę, a następnie przesunąć wszystko na boki woka, pozostawiając zagłębienie na dnie woka.

e) Dodaj masło, zarezerwowany sok ananasowy, jasną soję, sriracha i brązowy cukier. Wymieszać do rozpuszczenia cukru i doprowadzić sos do wrzenia, następnie gotować około minuty, aby sos zredukować i lekko zagęścić. Połącz wszystko, aby pokryć, około 30 sekund.

f) Rozłóż smażony ryż na równej warstwie w woku i pozostaw ryż na woku, aby lekko się chrupił, około 2 minut. Usuń imbir i wyrzuć. Skrop olejem sezamowym i dopraw kolejną szczyptą soli. Przełóż na półmisek i udekoruj pozostałymi szalotkami. Natychmiast podawaj.

79.   Ryż na parze z Lap Cheung i Bok Choy

Składniki:

- 1½ szklanki ryżu jaśminowego
- 4 lap cheung (chińska kiełbasa) linki lub hiszpańskie chorizo
- 4 główki baby bok choy, każda pokrojona na 6 części
- ¼ szklanki oleju roślinnego
- 1 mała szalotka, pokrojona w cienkie plasterki
- 2,5-centymetrowy kawałek świeżego imbiru, obrany i drobno posiekany
- 1 ząbek czosnku, obrany i drobno zmielony
- 2 łyżeczki jasnego sosu sojowego
- 1 łyżka ciemnego sosu sojowego
- 2 łyżeczki wina ryżowego Shaoxing
- 1 łyżeczka oleju sezamowego
- Cukier

Wskazówki:

a) W misce do miksowania opłucz i zmieszaj ryż 3 lub 4 razy pod zimną wodą, mieszając ryż w wodzie, aby spłukać wszelkie skrobie. Ryż zalej zimną wodą i moczyć przez 2 godziny. Odcedź ryż przez sito o drobnych oczkach.

b) Opłucz dwa bambusowe koszyki do gotowania na parze i ich pokrywki pod zimną wodą i umieść jeden koszyk w woku. Wlej 2 cale wody lub tyle, aby poziom wody przekroczył dolną krawędź urządzenia do gotowania na parze o $\frac{1}{4}$ do $\frac{1}{2}$ cala, ale nie tak wysoko, aby woda dotykała dna urządzenia do gotowania na parze.

c) Wyłóż talerz kawałkiem gazy i dodaj połowę namoczonego ryżu do talerza. Ułóż 2 kiełbaski i połowę kapusty bok choy na wierzchu i luźno zwiąż gazę, aby wokół ryżu było wystarczająco dużo miejsca, aby mógł się rozszerzyć. Umieść talerz w koszyku do gotowania na parze. Powtórz ten proces z kolejnym talerzem, większą ilością gazy i pozostałą kiełbasą i kapustą bok choy w drugim koszyku do gotowania na parze, a następnie ułóż na pierwszym i przykryj.

d) Zmień ogień na średni i zagotuj wodę. Ryż gotuj na parze przez 20 minut, często sprawdzając poziom wody i dodając więcej w razie potrzeby.

e) Podczas gdy ryż gotuje się na parze, w małym rondlu rozgrzej olej roślinny na średnim ogniu, aż zacznie palić. Wyłączyć ogień i dodać szalotkę, imbir i czosnek. Wymieszaj i dodaj jasną soję, ciemną soję, wino ryżowe, olej sezamowy i szczyptę cukru. Odstawić do ostygnięcia.

f) Gdy ryż będzie gotowy, ostrożnie odwiąż gazę i przenieś ryż i bok choy na półmisek. Kiełbasy pokroić ukośnie i ułożyć na ryżu. Podawaj z dodatkiem imbirowego oleju sojowego.

80. Rosół wołowy z makaronem

Składniki:
- $\frac{3}{4}$ funtowe końcówki polędwicy wołowej, pokrojone w cienkie plasterki w poprzek ziarna
- 2 łyżeczki sody oczyszczonej
- 4 łyżki wina ryżowego Shaoxing, podzielone
- 4 łyżki jasnego sosu sojowego, podzielone
- 2 łyżeczki mąki kukurydzianej, podzielone
- 1 łyżeczka cukru
- Świeżo zmielony czarny pieprz
- 3 łyżki oleju roślinnego, podzielone
- 2 łyżeczki chińskich pięciu przypraw w proszku
- 4 obrane świeże plasterki imbiru
- 2 ząbki czosnku, obrane i rozgniecione
- 4 szklanki bulionu wołowego
- $\frac{1}{2}$ funta suszonego makaronu chińskiego (dowolnego rodzaju)
- 2 główki bok choy baby, poćwiartowane
- 1 łyżka oleju z cebuli i imbiru

Wskazówki:

a) W małej misce wrzuć wołowinę z sodą oczyszczoną i odstaw na 5 minut. Opłucz wołowinę i osusz papierowymi ręcznikami.

b) W drugiej misce wrzuć wołowinę z winem ryżowym, jasną soją, mąką kukurydzianą, cukrem, solą i pieprzem. Marynować.

c) W szklanej miarce wymieszaj pozostałe 3 łyżki wina ryżowego, 3 łyżki jasnej soi i 1 łyżeczkę mąki kukurydzianej i odstaw na bok.

d) Podgrzej wok na średnim ogniu, aż kropla wody skwierczy i wyparuje w kontakcie. Wlej 2 łyżki oleju roślinnego i wymieszaj, aby pokryć spód woka. Dodaj wołowinę i pięć przypraw w proszku i gotuj przez 3 do 4 minut, od czasu do czasu podrzucając, aż lekko się zarumienią. Przełóż wołowinę do czystej miski i odstaw na bok.

e) Wytrzyj wok do czysta i ustaw go na średnim ogniu. Dodaj pozostałą 1 łyżkę oleju roślinnego i zamieszaj, aby pokryć podstawę woka. Dodaj imbir, czosnek i szczyptę soli, aby doprawić olej. Pozostawić imbir i czosnek do skwierczenia w oleju przez około 10 sekund, delikatnie mieszając.

f) Wlej mieszankę sosu sojowego i zagotuj. Wlej bulion i wróć do wrzenia. Zredukować do wrzenia i włożyć wołowinę do woka. Gotuj przez 10 minut.

g) W międzyczasie zagotuj wodę w dużym garnku na dużym ogniu. Dodaj makaron i gotuj zgodnie z instrukcją na opakowaniu. Za pomocą skimmera do woka wyjmij makaron i odcedź. Dodaj kapustę bok choy do wrzącej wody i gotuj przez 2-3 minuty, aż stanie się jasnozielona i miękka. Wyciągnij bok choy i umieść w misce. Używając szczypiec, wymieszaj makaron z olejem szalotkowo-imbirowym, aby go pokryć. Rozłóż makaron i kapustę bok choy na miski do zupy.

81. Makaron Czosnkowy

Składniki:

- ½ funta świeżego chińskiego makaronu jajecznego, ugotowanego
- 2 łyżki oleju sezamowego, podzielone
- 2 łyżki jasnobrązowego cukru
- 2 łyżki sosu ostrygowego
- 1 łyżka jasnego sosu sojowego
- ½ łyżeczki mielonego białego pieprzu
- 6 łyżek niesolonego masła
- 8 ząbków czosnku, drobno posiekanych
- 6 szalotek pokrojonych w cienkie plasterki

Wskazówki:

a) Skrop makaron 1 łyżką oleju sezamowego i wymieszaj. Odłożyć na bok.

b) W małej misce wymieszaj brązowy cukier, sos ostrygowy, jasną soję i biały pieprz. Odłożyć na bok.

c) Rozgrzej woka na średnim ogniu i rozpuść masło. Dodaj czosnek i połowę szalotki. Smażyć przez 30 sekund.

d) Wlej sos i wymieszaj do połączenia z masłem i czosnkiem. Zagotuj sos i dodaj makaron. Wrzuć makaron do polania sosem, aż się podgrzeją.

82. makaron z Singapuru

Składniki:

- ½ funta suszonego makaronu ryżowego wermiszel
- ½ funta średniej wielkości krewetki, obrane i pozbawione żyłki
- 3 łyżki oleju kokosowego, podzielone
- Sól koszerna
- 1 mała biała cebula pokrojona w cienkie plasterki
- ½ zielonej papryki pokrojonej w cienkie paski
- ½ czerwonej papryki, pokrojonej w cienkie paski
- 2 ząbki czosnku, drobno posiekane
- 1 szklanka mrożonego groszku, rozmrożonego
- ½ funta chińskiej pieczeni wieprzowej, pokrojonej w cienkie paski
- 2 łyżeczki curry w proszku
- Świeżo zmielony czarny pieprz
- Sok z 1 limonki
- 8 do 10 świeżych gałązek kolendry

Wskazówki:

a) Zagotuj wodę w dużym garnku na dużym ogniu. Wyłącz ogień i dodaj makaron. Moczyć przez 4 do 5 minut, aż makaron stanie się nieprzezroczysty. Ostrożnie odcedź makaron na durszlaku. Makaron opłukać zimną wodą i odstawić.

b) W małej misce dopraw krewetki sosem rybnym (jeśli używasz) i odstaw na 5 minut. Jeśli nie chcesz używać sosu rybnego, użyj szczypty soli, aby doprawić krewetki.

c) Podgrzej wok na średnim ogniu, aż kropla wody skwierczy i wyparuje w kontakcie. Wlej 2 łyżki oleju kokosowego i wymieszaj, aby pokryć spód woka. Dopraw olej, dodając niewielką szczyptę soli. Dodaj krewetki i smaż przez 3 do 4 minut, aż krewetki staną się różowe. Przełożyć do czystej miski i odstawić.

d) Dodaj pozostałą 1 łyżkę oleju kokosowego i zamieszaj, aby pokryć wok. Smaż cebulę, paprykę i czosnek przez 3-4 minuty, aż cebula i papryka będą miękkie. Dodaj groszek i smaż, aż się podgrzeje, około minuty.

e) Dodaj wieprzowinę i odłóż krewetki do woka. Wymieszać z curry i doprawić solą i pieprzem. Dodaj makaron i wymieszaj, aby połączyć. Makaron zmieni kolor na olśniewająco złocistożółty, gdy będziesz dalej delikatnie mieszał go z innymi składnikami. Kontynuuj smażenie i mieszanie przez około 2 minuty, aż makaron się nagrzeje.

f) Przełóż makaron na półmisek, skrop sokiem z limonki i udekoruj kolendrą. Natychmiast podawaj.

83. Makaron Szklany Z Kapustą Pekińską

Składniki:

- ½ funta suszonego makaronu ze słodkich ziemniaków lub makaronu z fasoli mung
- 2 łyżki jasnego sosu sojowego
- 2 łyżeczki ciemnego sosu sojowego
- 1 łyżka sosu ostrygowego
- 1 łyżeczka cukru
- 2 łyżki oleju roślinnego
- 2 obrane świeże plastry imbiru
- Sól koszerna
- 1 łyżeczka pieprzu syczuańskiego
- 1 mała kapusta pekińska, posiekana na kawałki wielkości kęsa
- ½ funta zielonej fasoli, przyciętej i przekrojonej na pół
- 3 szalotki, grubo posiekane

Wskazówki:

a) W dużej misce zmiękcz makaron, mocząc go w gorącej wodzie przez 10 minut lub do zmiękczenia. Ostrożnie odcedź makaron na durszlaku. Spłucz zimną wodą i odstaw.

b) W małej misce wymieszaj jasną soję, ciemną soję, sos ostrygowy i cukier. Odłożyć na bok.

c) Podgrzej wok na średnim ogniu, aż kropla wody skwierczy i wyparuje w kontakcie. Wlej olej i zamieszaj, aby pokryć spód woka. Dopraw olej, dodając imbir, niewielką szczyptę soli i ziarna pieprzu syczuańskiego. Pozwól imbirowi skwierczeć w oleju przez około 30 sekund, delikatnie mieszając. Wyciągnij imbir i ziarna pieprzu i wyrzuć.

d) Dodaj kapustę pekińską i zieloną fasolkę do woka i smaż mieszając, podrzucając i przewracając przez 3 do 4 minut, aż warzywa zwiędną. Wlej sos i wymieszaj, aby połączyć.

e) Dodaj makaron i wymieszaj, aby połączyć z sosem i warzywami. Przykryj i zmniejsz ogień do średniego. Gotuj przez 2 do 3 minut lub do momentu, gdy makaron stanie się przezroczysty, a zielona fasolka zmięknie.

f) Zwiększ ogień na średnio-wysoki i odkryj wok. Smażyć, podrzucając i nabierając łyżką przez kolejne 1 do 2 minut, aż sos lekko zgęstnieje. Przełóż na półmisek i udekoruj szalotką. Podawać na gorąco.

84.   Makaron Hakka

Składniki:

- ¾ funt makaronu na bazie świeżej mąki
- 3 łyżki oleju sezamowego, podzielone
- 2 łyżki jasnego sosu sojowego
- 1 łyżka octu ryżowego
- 2 łyżeczki jasnobrązowego cukru
- 1 łyżeczka sriracha
- 1 łyżeczka smażonego oleju chili
- Sól koszerna
- Pieprz biały mielony
- 2 łyżki oleju roślinnego
- 1 łyżka obranego drobno zmielonego świeżego imbiru
- ½ główki zielonej kapusty, posiekanej
- ½ czerwonej papryki pokrojonej w cienkie paski
- ½ czerwonej cebuli, pokrojonej w cienkie pionowe paski
- 1 duża marchewka, obrana i posiekana
- 2 ząbki czosnku, drobno posiekane
- 4 szalotki, pokrojone w cienkie plasterki

Wskazówki:

a) Zagotować wodę w garnku i ugotować makaron zgodnie z instrukcją na opakowaniu. Odcedź, spłucz i wrzuć 2 łyżki oleju sezamowego. Odłożyć na bok.

b) W małej misce wymieszaj jasną soję, ocet ryżowy, brązowy cukier, sriracha, olej chili oraz szczyptę soli i białego pieprzu. Odłożyć na bok.

c) Podgrzej wok na średnim ogniu, aż kropla wody skwierczy i wyparuje w kontakcie. Wlej olej roślinny i zamieszaj, aby pokryć spód woka. Dopraw olej dodając imbir i niewielką szczyptę soli. Pozwól imbirowi skwierczeć w oleju przez około 10 sekund, delikatnie mieszając.

d) Dodaj kapustę, paprykę, cebulę i marchewkę i smaż przez 4-5 minut, aż warzywa zmiękną, a cebula zacznie się lekko karmelizować. Dodaj czosnek i smaż, aż zacznie pachnieć, jeszcze około 30 sekund. Wymieszać z sosem i zagotować. Zmniejsz ogień do średniego i gotuj sos przez 1 do 2 minut. Dodaj szalotki i wymieszaj, aby połączyć.

e) Dodaj makaron i wymieszaj, aby połączyć. Zwiększ ogień do średniego i smaż przez 1-2 minuty, aby podgrzać makaron. Przełożyć na półmisek, skropić pozostałą 1 łyżką oleju sezamowego i podawać na gorąco.

85. Pad Widzimy We

Składniki:

- 2 łyżeczki ciemnego sosu sojowego
- 2 łyżeczki mąki kukurydzianej
- 2 łyżeczki sosu rybnego, podzielone
- ½ łyżeczki soli koszernej
- Pieprz biały mielony
- funtowe końcówki steków lub polędwicy wołowej, pokrojone w poprzek ziarna na plastry o grubości ⅛ cala
- 2 łyżki sosu ostrygowego
- 1 łyżka jasnego sosu sojowego
- ½ łyżeczki cukru
- 1½ funta świeżego szerokiego makaronu ryżowego lub suszonego makaronu ryżowego
- 5 łyżek oleju roślinnego, podzielone
- 4 ząbki czosnku, pokrojone w cienkie plasterki
- 1 pęczek chińskich brokułów (gai lan), łodygi pokrojone ukośnie na ½-calowe kawałki, liście pokrojone na kawałki wielkości kęsa
- 2 duże jajka, ubite

Wskazówki:

a) W misce wymieszaj ciemną soję, skrobię kukurydzianą, sos rybny, sól i szczyptę białego pieprzu. Dodaj plastry wołowiny i wymieszaj. Odstawić do marynowania na 10 minut.

b) W innej misce wymieszaj sos ostrygowy, jasną soję, pozostałą 1 łyżeczkę sosu rybnego i cukier. Odłożyć na bok.

c) Podgrzej wok na średnim ogniu, aż kropla wody skwierczy i wyparuje w kontakcie. Wlej 2 łyżki oleju i wymieszaj, aby pokryć spód woka. Szczypcami przełożyć wołowinę do woka i zarezerwować marynatę. Smaż wołowinę na woku przez 2 do 3 minut, aż się zarumieni i powstanie przypieczona skórka. Włóż wołowinę do miski z marynatą i wymieszaj z sosem ostrygowym.

d) Dodaj jeszcze 2 łyżki oleju i smaż czosnek przez 30 sekund. Dodaj łodygi chińskiego brokułu i smaż przez 45 sekund, utrzymując wszystko w ruchu, aby czosnek się nie przypalił.

e) Dociśnij łodygi brokułów na boki woka, pozostawiając dno woka puste. Dodaj pozostałą 1 łyżkę oleju i wymieszaj jajka w zagłębieniu, a następnie wymieszaj je razem.

f) Dodaj makaron, sos i wołowinę, wymieszaj i szybko przewróć, aby połączyć wszystkie składniki, smaż jeszcze przez 30 sekund. Dodaj liście brokuła i smaż jeszcze przez 30 sekund, aż liście zaczną więdnąć. Wróć na półmisek i natychmiast podawaj.

86. Kurczak Chow Mein

Składniki:

- ½ funta świeżego, cienkiego makaronu jajecznego w stylu Hongkongu
- 1½ łyżki oleju sezamowego, podzielonego
- 2 łyżeczki wina ryżowego Shaoxing
- 2 łyżeczki jasnego sosu sojowego
- Pieprz biały mielony
- ½ funta udka z kurczaka, pokrojonego w cienkie paski
- ¼ szklanki niskosodowego bulionu z kurczaka
- 2 łyżeczki ciemnego sosu sojowego
- 2 łyżeczki sosu ostrygowego
- 2 łyżeczki mąki kukurydzianej
- 4 łyżki oleju roślinnego, podzielone
- 3 główki baby bok choy, pokrojone na kawałki wielkości kęsa
- 2 ząbki czosnku, drobno posiekane
- 1 duża garść (2 do 3 uncji) kiełków fasoli mung

Wskazówki:

a) Zagotować wodę w garnku i ugotować makaron zgodnie z instrukcją na opakowaniu. Zarezerwować 1 szklankę wody do gotowania i odsączyć makaron na durszlaku. Opłucz makaron zimną wodą i skrop 1 łyżką oleju sezamowego. Wrzucić do płaszcza i odstawić.

b) W misce wymieszać wino ryżowe, jasną soję i szczyptę białego pieprzu. Posmaruj kawałki kurczaka i marynuj przez 10 minut. W małej misce wymieszaj bulion z kurczaka, ciemną soję, pozostałą ½ łyżki oleju sezamowego, sos ostrygowy i mąkę kukurydzianą. Odłożyć na bok.

c) Podgrzej wok na średnim ogniu, aż kropla wody skwierczy i wyparuje w kontakcie. Wlej 3 łyżki oleju roślinnego i wymieszaj, aby pokryć spód woka. Dodaj makaron w jednej warstwie i smaż przez 2 do 3 minut, aż się zarumienią. Ostrożnie odwróć makaron i smaż z drugiej strony jeszcze przez 2 minuty lub do momentu, gdy makaron będzie chrupiący i brązowy i uformuje się w luźne ciasto. Przełożyć na talerz wyłożony ręcznikiem papierowym i odstawić.

d) Dodaj pozostałą 1 łyżkę oleju roślinnego i smaż kurczaka z marynatą przez 2-3 minuty, aż kurczak przestanie być różowy, a marynata wyparuje. Dodaj kapustę bok choy i czosnek, smaż mieszając, aż łodygi kapusty bok choy będą miękkie, około minuty.

e) Wlej sos i wymieszaj, aby połączyć z kurczakiem i kapustą bok choy.

f) Zwróć makaron i za pomocą ruchu nabierania i podnoszenia podrzucaj makaron z kurczakiem i warzywami przez około 2 minuty, aż pokryje się sosem. Jeśli makaron wydaje się nieco suchy, dodaj łyżkę lub mniej więcej wody z gotowania. Dodaj kiełki fasoli i smaż mieszając, podnosząc i nabierając przez 1 minutę.

g) Przełóż na półmisek i podawaj na gorąco.

87. Wołowina lo mein

Składniki:

- ½ funta świeżego makaronu jajecznego lo mein, ugotowanego
- 2 łyżki oleju sezamowego, podzielone
- 2 łyżki wina ryżowego Shaoxing
- 2 łyżki mąki kukurydzianej, podzielone
- 2 łyżki ciemnego sosu sojowego
- Pieprz biały mielony
- ½ funta końcówek polędwicy wołowej, pokrojonej w poprzek ziarna w cienkie paski
- 3 łyżki oleju roślinnego, podzielone
- 2 obrane plasterki świeżego imbiru, każdy wielkości ćwiartki
- Sól koszerna
- ½ czerwonej papryki pokrojonej w cienkie paski
- 1 szklanka groszku śnieżnego bez nitek
- 2 ząbki czosnku, drobno posiekane
- 2 szklanki kiełków fasoli mung

Wskazówki:

a) Skrop makaron 1 łyżką oleju sezamowego i wymieszaj. Odłożyć na bok.

b) W misce wymieszaj wino ryżowe, 2 łyżeczki mąki kukurydzianej, ciemną soję i sporą szczyptę białego pieprzu. Dodaj wołowinę i wymieszaj. Odstawić na 10 minut do zamarynowania.

c) Podgrzej wok na średnim ogniu, aż kropla wody skwierczy i wyparuje w kontakcie. Wlej olej roślinny i zamieszaj, aby pokryć spód woka. Dopraw olej dodając imbir i niewielką szczyptę soli. Pozwól imbirowi skwierczeć w oleju przez około 30 sekund, delikatnie mieszając. Dodaj wołowinę, zachowując marynatę i smaż na woku przez 2-3 minuty. Wrzucić i przerzucić wołowinę, smażyć jeszcze przez 1 minutę, aż przestanie się różowa. Przełożyć do miski i odstawić.

d) Dodaj pozostałą 1 łyżkę oleju roślinnego i smaż paprykę, podrzucając i przewracając przez 2 do 3 minut, aż będzie miękka. Dodać groszek śnieżny i czosnek, smażyć jeszcze minutę, aż czosnek będzie pachniał.

e) Przełóż wszystkie składniki na boki woka i wlej pozostały olej sezamowy, zarezerwowaną marynatę, pozostałą skrobię kukurydzianą i wodę z gotowania. Wymieszać i zagotować.

Włóż wołowinę do woka i mieszaj z warzywami przez 1 do 2 minut.

f) Wymieszaj makaron lo mein z wołowiną i warzywami, aż makaron pokryje się sosem. Dodaj kiełki fasoli i wymieszaj, aby połączyć. Usuń i wyrzuć imbir. Przełóż na półmisek i podawaj.

88.   Dan Dan Makaron

Składniki:

- ¾ funtowy cienki makaron pszenny
- 4 uncje mielonej wieprzowiny
- 4 łyżki oleju roślinnego, podzielone
- 2 łyżki wina ryżowego Shaoxing, podzielone
- Sól koszerna
- ¼ szklanki jasnego sosu sojowego
- 2 łyżki gładkiego masła orzechowego
- 1 łyżka czarnego octu
- 3 ząbki czosnku, drobno posiekane
- 2 łyżeczki jasnobrązowego cukru
- 1 łyżeczka ziaren pieprzu syczuańskiego, prażonych i mielonych
- 1-calowy kawałek świeżego imbiru, obranego i drobno zmielonego
- 1 łyżka sfermentowanej czarnej fasoli, opłukanej i posiekanej
- 2 małe główki baby bok choy, grubo posiekane
- 2 łyżki smażonego oleju chili

- ½ szklanki drobno posiekanych suchych prażonych orzeszków ziemnych

Wskazówki:

a) Zagotuj wodę w dużym garnku i ugotuj makaron zgodnie z instrukcją na opakowaniu. Odcedź i spłucz zimną wodą i odstaw na bok. Napełnij garnek świeżą wodą i zagotuj na blacie kuchenki.

b) W misce wymieszaj wieprzowinę z 1 łyżką oleju roślinnego, 1 łyżką wina ryżowego i szczyptą soli. Odstawić do marynowania na 10 minut.

c) W małej misce wymieszaj pozostałą 1 łyżkę wina ryżowego, jasną soję, masło orzechowe, czarny ocet, czosnek, brązowy cukier, pieprz syczuański, imbir i czarną fasolę. Odłożyć na bok.

d) Podgrzej wok na średnim ogniu, aż kropla wody skwierczy i wyparuje w kontakcie. Wlej 2 łyżki oleju roślinnego i wymieszaj, aby pokryć spód woka. Dodaj wieprzowinę i smaż przez 4 do 6 minut, aż się zrumienią i będą lekko chrupiące. Wlać mieszaninę sosów i wymieszać, gotując przez 1 minutę. Przełożyć do czystej miski i odstawić.

e) Wytrzyj wok i dodaj pozostałą 1 łyżkę oleju roślinnego. Szybko podsmażaj kapustę bok choy przez 1 do 2 minut, aż zwiędnie i zmięknie. Dodaj do miski wieprzowej i wymieszaj.

f) Aby się ułożył, namocz makaron we wrzącej wodzie na 30 sekund, aby się podgrzał. Odcedź i podziel na 4 głębokie miski.

89. Wołowina Chow Zabawa

Składniki:

- ¼ szklanki wina ryżowego Shaoxing
- ¼ szklanki jasnego sosu sojowego
- 2 łyżki mąki kukurydzianej
- 1½ łyżki ciemnego sosu sojowego
- 1½ łyżki ciemnego sosu sojowego
- ½ łyżeczki cukru
- ¾ ucierane końcówki steków lub polędwicy, pokrojone w plastry
- 1½ funta świeżego makaronu ryżowego, ugotowanego
- 2 łyżki oleju sezamowego, podzielone
- 3 łyżki oleju roślinnego, podzielone
- 4 obrane świeże plasterki imbiru
- 8 szalotek, przekrojonych wzdłuż na pół i pokrojonych na 3-calowe kawałki
- 2 szklanki świeżych kiełków fasoli mung

Wskazówki:

a) W misce wymieszaj wino ryżowe, jasną soję, mąkę kukurydzianą, ciemną soję, cukier i szczyptę białego pieprzu. Dodaj wołowinę i wymieszaj. Odstawić do marynowania na co najmniej 10 minut.

b) Podgrzej wok na średnim ogniu, aż kropla wody skwierczy i wyparuje w kontakcie. Wlej 2 łyżki oleju roślinnego i wymieszaj, aby pokryć spód woka. Dopraw olej dodając imbir i szczyptę soli. Pozwól imbirowi skwierczeć w oleju przez około 30 sekund, delikatnie mieszając.

c) Szczypcami dodaj wołowinę do woka i zachowaj płyn marynujący. Smaż wołowinę na woku przez 2–3 minuty lub do momentu, gdy pojawi się przypieczona, zarumieniona skórka. Podrzucaj i obracaj wołowinę wokół woka przez 1 minutę. Przełożyć do czystej miski i odstawić.

d) Dodaj jeszcze 1 łyżkę oleju roślinnego i smaż szalotki przez 30 sekund lub do miękkości. Dodaj makaron i podnieś go ruchem nabierającym do góry, aby pomóc oddzielić makaron, jeśli skleiły się ze sobą. Dodaj wodę z gotowania, po 1 łyżce stołowej na raz, jeśli makaron naprawdę się skleił.

e) Włóż wołowinę do woka i wymieszaj z makaronem. Wlej zarezerwowaną marynatę i mieszaj przez 30 sekund do 1 minuty lub do momentu, gdy sos zgęstnieje i pokryje makaron, który nabierze głębokiego brązowego koloru. W razie potrzeby dodaj 1 łyżkę wody z gotowania, aby rozcieńczyć sos. Dodaj kiełki fasoli i wymieszaj, aż się podgrzeją, około 1 minuty. Usuń imbir i wyrzuć.

f) Przełożyć na półmisek i skropić pozostałą 1 łyżką oleju sezamowego. Podawać na gorąco.

SOSY, PRZEKĄSKI I SŁODYCZE

90. Sos z czarnej fasoli

Składniki

- ½ szklanki sfermentowanej czarnej fasoli, namoczonej
- 1 szklanka oleju roślinnego, podzielona
- 1 duża szalotka, drobno posiekana
- 3 łyżki obranego i zmielonego świeżego imbiru
- 4 szalotki, pokrojone w cienkie plasterki
- 6 ząbków czosnku, drobno posiekanych
- ½ szklanki wina ryżowego Shaoxing

Wskazówki:

a) Podgrzej woka na średnim ogniu. Wlej ¼ szklanki oleju i zamieszaj, aby pokryć patelnię. Dodaj szalotkę, imbir, szalotkę i czosnek i smaż przez 1 minutę, aż masa zmięknie.

b) Dodaj czarną fasolę i wino ryżowe. Zmniejsz ogień do średniego i gotuj przez 3 do 4 minut, aż masa zmniejszy się o połowę.

c) Przenieść mieszaninę do hermetycznego pojemnika i schłodzić do temperatury pokojowej. Pozostałą szklanki oleju wylej na wierzch i szczelnie przykryj. Przechowywać w lodówce do czasu użycia.

d) Ten sos ze świeżej fasoli będzie przechowywany w lodówce w szczelnym pojemniku do miesiąca. Jeśli chcesz zachować go na dłużej, zamroź w mniejszych porcjach.

91. Olejek z cebuli i imbiru

Składniki

- 1½ szklanki pokrojonej w cienkie plasterki szalotki
- 1 łyżka obranego i drobno zmielonego świeżego imbiru
- 1 łyżeczka soli koszernej
- 1 szklanka oleju roślinnego

Wskazówki:

a) W misce ze szkła żaroodpornego lub ze stali nierdzewnej wrzuć szalotki, imbir i sól. Odłożyć na bok.

b) Wlej olej do woka i podgrzej na średnim ogniu, aż kawałek zielonej cebuli natychmiast zacznie skwierczeć po wrzuceniu do oleju. Gdy olej będzie gorący, zdejmij wok z ognia i ostrożnie polej gorącym olejem szalotki i imbir. Mieszanka powinna skwierczeć podczas nalewania i bulgotać. Olej wlewaj powoli, aby nie bulgotał.

c) Pozostaw mieszaninę do całkowitego ostygnięcia, około 20 minut. Wymieszaj, przełóż do hermetycznego słoika i wstaw do lodówki do 2 tygodni.

92. Sos XO

Składniki

- 2 szklanki dużych suszonych przegrzebków
- 20 suszonych czerwonych papryczek chili bez szypułek
- 2 świeże czerwone chilli, grubo posiekane
- 2 szalotki, grubo posiekane
- 2 ząbki czosnku, grubo posiekane
- $\frac{1}{2}$ szklanki małych suszonych krewetek
- 3 plastry bekonu, mielone
- $\frac{1}{2}$ szklanki oleju roślinnego
- 1 łyżka ciemnobrązowego cukru
- 2 łyżeczki chińskich pięciu przypraw w proszku
- 2 łyżki wina ryżowego Shaoxing

Wskazówki:

a) W dużej szklanej misce włóż przegrzebki i zalej na cal wrzątkiem. Moczyć przez 10 minut lub do momentu, gdy przegrzebki będą miękkie. Odcedź wszystkie oprócz 2 łyżek wody i przykryj folią. Kuchenka mikrofalowa przez 3 minuty. Odłóż na bok, by się delikatnie schłodziło. Palcami połam przegrzebki na mniejsze strzępy, pocierając je razem, aby poluzować przegrzebki. Przełóż do robota kuchennego i pulsuj 10 do 15 razy lub do momentu, gdy przegrzebki zostaną drobno posiekane. Przełożyć do miski i odstawić.

b) W robocie kuchennym połącz suszone chilli, świeże chilli, szalotki i czosnek. Pulsuj kilka razy, aż mieszanina utworzy pastę i będzie wyglądała na drobno zmieloną. Być może będziesz musiał zeskrobać boki, aby wszystko było jednorodne. Przełóż miksturę do miski na przegrzebki i odstaw na bok.

c) Dodaj krewetki i bekon do robota kuchennego i kilka razy zmiksuj, aby drobno się zmielić.

d) Podgrzej woka na średnim ogniu. Wlej olej i zamieszaj, aby pokryć patelnię. Dodaj krewetki i bekon i gotuj przez 1 do 2 minut, aż bekon się zrumieni i stanie się bardzo chrupiący. Dodaj brązowy cukier i pięć przypraw w proszku i gotuj jeszcze przez 1 minutę, aż brązowy cukier się skarmelizuje.

e) Dodaj przegrzebek i mieszankę chili-czosnku i gotuj jeszcze przez 1 do 2 minut, aż czosnek zacznie się karmelizować. Ostrożnie wlej wino ryżowe po bokach woka i gotuj jeszcze przez 2 do 3 minut, aż wyparuje. Bądź ostrożny – w tym momencie olej może rozpryskiwać się z wina.

f) Przełóż sos do miski i ostudź. Po schłodzeniu rozdzielić sos na mniejsze słoiki i przykryć. Sos XO można przechowywać w lodówce do 1 miesiąca.

93. Smażony Olej Chili

Składniki

- ¼ szklanki płatków chili z Syczuanu
- 2 łyżki białego sezamu
- 1-gwiazdkowa strączka anyżu
- 1 laska cynamonu
- 1 łyżeczka soli koszernej
- 1 szklanka oleju roślinnego

Wskazówki:

a) W misce ze szkła żaroodpornego lub ze stali nierdzewnej połącz płatki chili, sezam, anyż, laskę cynamonu i sól i wymieszaj. Odłożyć na bok.

b) Wlej olej do woka i podgrzej na średnim ogniu, aż laska cynamonu natychmiast zacznie skwierczeć po zanurzeniu w oleju. Gdy olej będzie gorący, zdejmij wok z ognia i ostrożnie wlej gorący olej na przyprawy. Mieszanka powinna skwierczeć podczas nalewania i bulgotać. Olej wlewaj powoli, aby nie bulgotał.

c) Pozostaw mieszaninę do całkowitego ostygnięcia, około 20 minut. Wymieszaj, przełóż do hermetycznego słoika i wstaw do lodówki do 4 tygodni.

94. Sos śliwkowy

Składniki

- 4 szklanki grubo posiekanych śliwek (około 1½ funta)
- ½ małej żółtej cebuli, posiekanej
- 1/2-calowy plasterek świeżego imbiru, obrany
- 1 ząbek czosnku, obrany i rozgnieciony
- ½ szklanki wody
- ⅓ szklanka jasnobrązowego cukru
- ¼ szklanki octu jabłkowego
- ½ łyżeczki chińskich pięciu przypraw w proszku
- Sól koszerna

Wskazówki:

a) W woku zagotuj śliwki, cebulę, imbir, czosnek i wodę na średnim ogniu. Przykryj, zmniejsz ogień do średniego i gotuj na wolnym ogniu, mieszając od czasu do czasu, aż śliwki i cebula będą miękkie, około 20 minut.

b) Przenieś miksturę do blendera lub robota kuchennego i zmiksuj, aż będzie gładka. Wróć do woka i wymieszaj cukier, ocet, pięć przypraw w proszku i szczyptę soli.

c) Zmień ogień z powrotem na średnio-wysoki i doprowadź do wrzenia, często mieszając. Zmniejszyć ogień i gotować na małym ogniu, aż masa osiągnie konsystencję musu jabłkowego, około 30 minut.

95. Hakka Przyprawa Popcorn

Składniki

- Mieszanka przypraw
- 2 łyżki oleju roślinnego
- ½ szklanki ziaren popcornu
- Sól koszerna

Wskazówki:

a) Na małej patelni lub patelni połącz przyprawy; anyż gwiazdkowaty, nasiona kardamonu, goździki, ziarna pieprzu, nasiona kolendry, nasiona kopru włoskiego. Przyprawy prażymy przez 5 do 6 minut.

b) Zdejmij patelnię z ognia i przenieś przyprawy do moździerza i tłuczka lub młynka do przypraw. Zmiel przyprawy na drobny proszek i przełóż do małej miski.

c) Dodaj mielony cynamon, imbir, kurkumę i pieprz cayenne i wymieszaj, aby połączyć. Odłożyć na bok.

d) Podgrzej wok na średnim ogniu, aż zacznie palić. Wlej olej roślinny i ghee i zamieszaj, aby pokryć wok. Dodaj 2 ziarna popcornu do woka i przykryj. Gdy wyskoczą, dodaj resztę ziaren i przykryj. Wstrząsaj ciągle, aż pękanie ustanie.

e) Przełóż popcorn do dużej papierowej torby. Dodaj 2 duże szczypty soli koszernej i 1½ łyżki mieszanki przypraw. Złóż torbę i potrząśnij!

96. Jajka namoczone w herbacie

Składniki

- 2 szklanki wody
- ¾ szklanka ciemnego sosu sojowego
- 6 obranych plastrów świeżego imbiru, każdy o wielkości ćwiartki
- 2 całe anyż
- 2 laski cynamonu
- 6 całych goździków
- 1 łyżeczka nasion kopru włoskiego
- 1 łyżeczka ziaren pieprzu syczuańskiego lub czarnego pieprzu
- 1 łyżeczka cukru
- 5 torebek czarnej herbaty bezkofeinowej
- 8 dużych jaj w temperaturze pokojowej

Wskazówki:

a) W rondelku zagotuj wodę. Dodaj ciemną soję, imbir, anyż, laski cynamonu, goździki, nasiona kopru, ziarna pieprzu i cukier. Przykryj garnek i zmniejsz ogień do wrzenia; gotuj przez 20 minut. Wyłącz ogrzewanie i dodaj torebki herbaty. Zaparzaj herbatę przez 10 minut. Przecedź herbatę przez sitko o drobnych oczkach do dużej żaroodpornej miarki i pozostaw do ostygnięcia podczas gotowania jajek.

b) Napełnij dużą miskę lodem i wodą, aby stworzyć lodową kąpiel dla jajek i odstaw na bok. W woku nalej tyle wody, aby jajka zagotowały się na około cal. Delikatnie wlej jajka do wody, zmniejsz ogień do wrzenia i gotuj przez 9 minut. Wyjmij jajka łyżką cedzakową i przenieś do łaźni lodowej, aż ostygną.

c) Wyjmij jajka z kąpieli lodowej. Postukaj w jajka wierzchem łyżki, aby rozbić skorupki, tak aby marynata przesiąkała między pęknięciami, ale na tyle delikatnie, aby pozostawić skorupki. Muszle powinny wyglądać jak mozaika. Włóż jajka do dużego słoika (co najmniej 32 uncje) i przykryj je marynatą. Przechowuj je w lodówce przez co najmniej 24 godziny lub do tygodnia. Wyjmij jajka z marynaty, gdy będą gotowe do podania.

97. Bułeczki z Scallionem na Parze

Składniki

- ¾ szklanka mleka pełnego w temperaturze pokojowej
- 1 łyżka cukru
- 1 łyżeczka aktywnych suchych drożdży
- 2 filiżanki mąki uniwersalnej
- 1 łyżeczka proszku do pieczenia
- ¾ łyżeczka soli koszernej, podzielona
- 2 łyżki oleju sezamowego, podzielone
- 2 łyżeczki chińskiego proszku pięciu przypraw, podzielone
- 6 szalotek pokrojonych w cienkie plasterki

Wskazówki:

a) Wymieszaj mleko, cukier i drożdże. Odstawić na 5 minut, aby aktywować drożdże.

b) W dużej misce wymieszaj mąkę, proszek do pieczenia i sól do połączenia. Wlej mieszankę mleka. Połącz, aż powstanie miękkie, elastyczne ciasto lub 6 do 8 minut ręcznie. Włóż do miski i przykryj ręcznikiem na 10 minut.

c) Za pomocą wałka do ciasta rozwałkuj jeden kawałek w prostokąt o wymiarach 15 na 18 cali. Posmaruj ciasto 1 łyżką oleju sezamowego. Dopraw pięcioma przyprawami w proszku i solą. Posyp połową szalotki i delikatnie dociśnij do ciasta.

d) Rozwałkuj ciasto, zaczynając od dłuższej krawędzi, jak bułkę cynamonową. Zrolowaną kłodę pokrój na 8 równych kawałków. Aby uformować bułkę, weź 2 kawałki i ułóż je jeden na drugim po bokach, tak aby wycięte boki były skierowane na zewnątrz.

e) Użyj pałeczek, aby docisnąć środek stosu; spowoduje to lekkie wypchnięcie nadzienia. Usuń pałeczki. Palcami delikatnie wyciągnij oba końce ciasta, aby się rozciągnąć, a następnie zwiń końce pod środkiem, ściskając końce razem.

f) Umieść bułkę na 3-calowym kwadracie papieru pergaminowego i włóż do koszyka do gotowania na parze, aby sprawdzić. Powtórz proces formowania z pozostałym ciastem, upewniając się, że między bułeczkami jest co najmniej 2 cale przestrzeni. Możesz użyć drugiego kosza do gotowania na parze, jeśli potrzebujesz więcej miejsca. Powinieneś mieć 8 skręconych bułek. Przykryj koszyczki folią i odstaw na 1 godzinę do wyrośnięcia lub do podwojenia objętości.

g) Wlej około 2 cale wody do woka i umieść w nim koszyki do gotowania na parze. Poziom wody powinien sięgać powyżej dolnej krawędzi parownicy o $\frac{1}{4}$ do $\frac{1}{2}$ cala, ale nie tak wysoko, aby dotykała dna kosza. Przykryj koszyki pokrywką koszyka do gotowania na parze i zagotuj wodę na średnim ogniu.

h) Zmniejsz ogień do średniego i gotuj na parze przez 15 minut, w razie potrzeby dodając więcej wody do woka. Wyłącz ogrzewanie i przykryj kosze jeszcze przez 5 minut. Przełóż bułki na półmisek i podawaj.

98. Biszkopt migdałowy na parze

Składniki

- Nieprzywierający spray do gotowania
- 1 szklanka mąki tortowej, przesianej
- 1 łyżeczka proszku do pieczenia
- $\frac{1}{4}$ łyżeczki koszernej soli
- 5 dużych jajek, oddzielonych
- $\frac{3}{4}$ szklanka cukru, podzielona
- 1 łyżeczka ekstraktu z migdałów
- $\frac{1}{2}$ łyżeczki śmietanki tatara

Wskazówki:

a) Wyłóż 8-calową formę do ciasta pergaminem. Lekko spryskaj pergamin sprayem zapobiegającym przywieraniu i odstaw na bok.

b) Do miski przesiej razem mąkę tortową, proszek do pieczenia i sól.

c) W mikserze stojącym lub ręcznym na średnim poziomie ubijaj żółtka z $\frac{1}{2}$ szklanki cukru i ekstraktem migdałowym przez około 3 minuty, aż będą jasne i gęste. Dodaj mieszankę mąki i mieszaj, aż się połączą. Odłożyć na bok.

d) Umyj trzepaczkę i w drugiej czystej misce ubij białka z kremem tatarskim na pianę. Podczas pracy miksera kontynuuj ubijanie białek, stopniowo dodając pozostałe $\frac{1}{4}$ szklanki cukru. Ubijaj przez 4 do 5 minut, aż białka staną się lśniące i nabiorą sztywnych szczytów.

e) Złóż białka do ciasta i delikatnie łącz, aż białka jaj się połączą. Przełóż ciasto na przygotowaną formę do ciasta.

f) Wypłucz bambusowy koszyk do gotowania na parze wraz z pokrywką pod zimną wodą i umieść go w woku. Wlej 2 cale wody lub do momentu, gdy znajdzie się ponad dolną krawędzią parowaru o $\frac{1}{4}$ do $\frac{1}{2}$ cala, ale nie na tyle, aby dotykała dna kosza. Umieść środkowy rondel w koszyku do gotowania na parze.

g) Zagotuj wodę na dużym ogniu. Umieść pokrywę na koszyku do gotowania na parze i zmniejsz ogień do średniego. Ciasto gotuj na parze przez 25 minut lub do momentu, aż wykałaczka włożona do środka wyjdzie czysta.

h) Przenieś ciasto na drucianą kratkę chłodzącą i schładzaj przez 10 minut. Wyłóż ciasto na ruszt i wyjmij pergamin. Odwróć ciasto z powrotem na talerz do serwowania, tak aby było właściwą stroną do góry. Pokrój na 8 części i podawaj na ciepło.

99. Ptysie z jajkiem cukrowym

Składniki

- ½ szklanki wody
- 2 łyżeczki masła niesolonego
- ¼ szklanki cukru, podzielone
- Sól koszerna
- ½ szklanki mąki niebielonej uniwersalnej
- 3 szklanki oleju roślinnego
- 2 duże jajka, ubite

Wskazówki:

a) W małym rondelku podgrzej wodę, masło, 2 łyżeczki cukru i szczyptę soli na średnim ogniu. Doprowadzić do wrzenia i dodać mąkę. Kontynuuj mieszanie mąki drewnianą łyżką, aż mieszanina będzie wyglądać jak tłuczone ziemniaki, a na dnie patelni pojawi się cienka warstwa ciasta. Wyłączyć ogień i przełożyć ciasto do dużej miski. Ciasto schłodzić przez około 5 minut, od czasu do czasu mieszając.

b) Gdy ciasto ostygnie, wlej olej do woka; olej powinien mieć głębokość około 1 do $1\frac{1}{2}$ cala. Doprowadź olej do 375°F na średnim ogniu. Możesz stwierdzić, że olej jest gotowy, gdy zanurzysz w nim koniec drewnianej łyżki, a olej zacznie bulgotać i skwierczy wokół łyżki.

c) Wlać ubite jajka do ciasta w dwóch partiach, energicznie mieszając jajka z ciastem przed dodaniem kolejnej partii. Po zmieszaniu wszystkich jaj ciasto powinno wyglądać satynowo i błyszcząco.

d) Używając 2 łyżek stołowych, zgarnij ciasto jedną, a drugą delikatnie zepchnij ciasto z łyżki do gorącego oleju. Niech ptysie smażą się przez 8 do 10 minut, często przewracając, aż pęcznieją trzykrotnie i staną się złocistobrązowe i chrupiące.

e) Za pomocą skimmera do woka przenieś ptysie na talerz wyłożony ręcznikiem papierowym i ostudź przez 2-3 minuty. Umieść pozostały cukier w misce i wrzuć do niej ptysie. Podawaj na ciepło.

100. Chryzantema i Brzoskwinia Tong Sui

Składniki

- 3 szklanki wody
- ¾ szklanka cukru pudru
- ¼ szklanki jasnobrązowego cukru
- 2-calowy kawałek świeżego imbiru, obrany i rozgnieciony
- 1 łyżka suszonych pąków chryzantemy
- 2 duże żółte brzoskwinie, obrane, pozbawione pestek i pokrojone na 8 części każda

Wskazówki:

a) W woku na dużym ogniu zagotuj wodę, następnie zmniejsz ogień do średniego i dodaj cukier puder, cukier brązowy, imbir i pąki chryzantemy. Delikatnie wymieszaj, aby rozpuścić cukry. Dodaj brzoskwinie.

b) Delikatnie gotuj przez 10 do 15 minut, aż brzoskwinie będą miękkie. Mogą nadać zupie piękny różowy kolor. Odrzuć imbir, zupę i brzoskwinie podziel na miski i podawaj.

WNIOSEK

Uważa się, że wok został po raz pierwszy wynaleziony w Chinach, ponad 2000 lat temu, za czasów dynastii Han. Wywodzące się z kantońskiego słowa oznaczającego „garnek", wczesne modele woka były wykonane z metali żeliwnych, dzięki czemu były bardziej trwałe i trwałe.

Obecnie wok jest używany na całym świecie do wielu różnych posiłków. Większość woków jest wykonana ze stali węglowej, dzięki czemu są trwałe i nieprzywierające, a jednocześnie są lekkie w podnoszeniu.

Oczywiście gotowanie azjatyckich potraw w dużej mierze opiera się na woku, ale jest wiele innych zastosowań woka. Wok jest jednym z najbardziej wszechstronnych narzędzi do gotowania na świecie i może być używany do technik gotowania, takich jak: smażenie z mieszaniem, gotowanie na parze, smażenie na patelni, smażenie w głębokim tłuszczu, gotowanie, duszenie, obsmażanie, wędzenie i duszenie.

Konstrukcja umożliwia równomierne rozprowadzanie ciepła po całym woku, co oznacza, że wszystkie składniki będą gotować i będą gotowe w tym samym czasie. Co więcej, ogromną zaletą jest to, że można używać bardzo mało oleju do gotowania z woka i nadal mieć smaczne, nieprzywierające potrawy. Czasami możesz potrzebować akcesoriów do woka, takich jak pokrywa woka do gotowania na parze lub nawet pierścień do woka, który zapewnia, że wok nie będzie się przesuwał podczas gotowania.

www.ingramcontent.com/pod-product-compliance
Lightning Source LLC
Chambersburg PA
CBHW071557080526
44588CB00010B/941